U0873781

防卫与控制

主　编　何　剑
副主编　张银福　安家臣　孔令南

中国人民大学出版社
·北京·

撰稿人员（按姓氏笔画排序）

王　力　尹　伟　孔令南
卢兆民　卢信仿　刘金平
安家臣　张银福　陈百源
何　剑　魏海亮

图片拍摄与动作示范

何　剑　张银福　安家臣
孔令南　陈百源　罗鲁广

前言

Preface

为了加强中国人民公安大学本科教育教材建设，我校教务处统一遴选了普通高等教育“十二五”应用型本科规划教材项目，《防卫与控制》教材得以顺利通过。

本教材的编写框架构思源自中国人民公安大学本科生“防卫与控制”必修课程和“单警装备使用”选修课程。从警务实战技能综合的需求出发，重点培养学生分析问题和解决问题的能力，提高学生对抗的能力和自我训练的能力，提高学生自我防护意识和格斗意识，以及提高学生防卫与控制训练的基础理论知识，参照了原来的校级有关教材和公安部初级警察培训统编教材而编写。本教材分为基础理论、徒手防卫与控制、警械使用与控制三大部分，每个部分又分若干内容。第一部分基础理论，包括防卫与控制发展简述、人体要害部位与击打效果、防卫与控制训练原则和训练方法、身体素质及其训练、防卫与控制训练受伤与预防、使用防卫与控制的法律依据；第二部分徒手防卫与控制，包括防卫与控制基础训练、防卫与控制基本技术、警用压点控制技术、徒手对抗技术；第三部分警械使用与控制，包括单警装备介绍、手铐的使用、强光手电的使用、警用急救包的使用、伸缩警棍的使用、催泪器的使用、警用匕首的使用、徒手防夺枪和匕首技术、捆绑技术、搜身押解技术、防卫与控制考核标准。

每一章节的编写作者与章节如下：

第一、三章　何剑编写；

第二章　卢信仿编写；

第四、十四章　卢兆民编写；

第五、八、十一、十九、二十章　张银福编写；

第六章　尹伟编写；

第七章　刘金平编写；

第九章　陈百源编写；

第十、十八章　安家臣编写；

第十二、十三、十五、十七章　孔令南编写；

第十六章　魏海亮编写；

第二十一章　王力编写。

本教材的编写特别注重校级课题新成果的转化，其中有两个亮点，一是动作图像采用一部分三维仿真图片，目的是让学生更直观更清楚地看见身体动作在运动空间的位移或动作，增强其记忆力和集中力，使其更快、更牢地掌握技术动作；二是在实操章节前设置一个案例回放和案例评析，训练学生运用所学的知识去解决实际问题的能力，激发学生的兴趣和求知的欲望。

本教材的编写得到了中国人民公安大学教务处和警务指挥战术系以及中国人民大学出版社的大力支持，本书编写组全体成员、完成示范动作工作的老师和警务指挥战术专业的研究生都付出了辛苦的劳动，行业内的许多前辈和研究者提供了宝贵的资料和书籍参考，在此，一并谨致衷心的感谢！

本教材的编写力求结构新颖，内容贴近实战，实现新成果转化，不断丰富完善“防卫与控制”教学内容，但也深感编写的不易，所以存在不足之处，敬请同行的专家和学者批评指正。

编　者

2015 年 1 月 1 日

目录

Content

第一部分　基础理论

第一章　防卫与控制发展简述 …… 3

第一节　防卫与控制的概念 …… 3
第二节　防卫与控制的起源与演变 …… 4
第三节　防卫与控制的主要内容 …… 6
第四节　防卫与控制训练的特点 …… 7

第二章　人体要害部位与击打效果 …… 10

第一节　人体主要关节 …… 10
第二节　人体要害与薄弱部位 …… 12
第三节　人体要害部位的击打效果 …… 15

第三章　防卫与控制训练原则和训练方法 …… 17

第一节　防卫与控制的训练原则 …… 17
第二节　防卫与控制的训练方法 …… 19

第四章　身体素质及其训练 …… 23

第一节　力量素质及其训练 …… 23
第二节　耐力素质及其训练 …… 25
第三节　柔韧素质及其训练 …… 26
第四节　速度素质及其训练 …… 28
第五节　灵敏素质及其训练 …… 30

第五章　防卫与控制训练受伤与预防 …… 31

第一节　防卫与控制训练中受伤的因素 …… 31
第二节　防卫与控制训练受伤的预防 …… 33
第三节　防卫与控制对抗训练的要求 …… 34

第六章　使用防卫与控制的法律依据 …… 36
第一节　执法规范意识的培养 …… 36
第二节　使用强制行为的法律依据 …… 38
第三节　使用警械和武器的法律依据 …… 41

第二部分　徒手防卫与控制

第七章　防卫与控制基础训练 …… 45
第一节　基本实战姿势 …… 45
第二节　基本手型 …… 46
第三节　基本腿功 …… 47
第四节　步法移动技术 …… 51
第五节　倒地护身技术 …… 55
第六节　滚翻护身 …… 58
第八章　防卫与控制基本技术 …… 61
第一节　拳法攻防技术 …… 61
第二节　腿法攻防技术 …… 68
第三节　摔法攻防技术 …… 76
第四节　肘膝攻防技术 …… 83
第九章　警用压点控制技术 …… 89
第十章　徒手对抗技术 …… 100
第一节　擒拿与解脱技术 …… 100
第二节　摔后与控制技术 …… 108
第三节　二对一抓控技术 …… 109
第四节　三对一抓控技术 …… 111

第三部分　警械使用与控制

第十一章　单警装备介绍 …… 117
第一节　单警装备的类型和配备 …… 117
第二节　警用多功能腰带佩带 …… 119
第三节　警用手铐 …… 119
第四节　对讲机 …… 120
第五节　强光手电 …… 122
第六节　警用急救包 …… 123
第七节　伸缩警棍 …… 124

第八节　手枪 …… 125
第九节　催泪喷射器 …… 126
第十节　警用刀具 …… 128
第十一节　警绳 …… 131
第十二节　警用水壶 …… 131

第十二章　手铐的使用 …… 133

第一节　手铐的使用目的和佩戴 …… 133
第二节　上铐的基本方法和要求 …… 134

第十三章　强光手电的使用 …… 139

第一节　强光手电的使用目的和特点 …… 139
第二节　强光手电的佩戴和使用方法 …… 140

第十四章　警用急救包的使用 …… 142

第一节　警用急救包的使用目的和佩戴 …… 142
第二节　警用急救包的主要配置和用途 …… 142

第十五章　伸缩警棍的使用 …… 144

第一节　伸缩警棍的使用目的和佩戴 …… 144
第二节　警棍使用的基本姿势和开收棍 …… 145
第三节　伸缩警棍的攻防技术 …… 149

第十六章　催泪器的使用 …… 155

第一节　催泪器的使用目的和特点 …… 155
第二节　催泪器的佩戴和使用方法 …… 156

第十七章　警用匕首的使用 …… 159

第一节　警用匕首的使用目的和佩戴 …… 159
第二节　警用匕首的使用方法 …… 160
第三节　警用匕首的攻防技术 …… 162

第十八章　徒手防夺枪和匕首技术 …… 167

第一节　徒手夺枪技术 …… 167
第二节　徒手夺匕首技术 …… 169
第三节　防夺枪技术 …… 172
第四节　防夺匕首技术 …… 176

第十九章　捆绑技术 …… 178

第一节　绳结的操作方法和捆绑的要求 …… 178

第二节　捆绑的基本技术 …… 180

第二十章　搜身押解技术 …… 183

第一节　搜身技术 …… 183
第二节　带离技术 …… 184

第二十一章　防卫与控制考核标准 …… 186

第一节　徒手技评考核 …… 186
第二节　警械使用考核 …… 189

参考文献 …… 192

第一部分

基础理论

第一章　防卫与控制发展简述

学习内容： 本章节主要学习多个方面的内容，一是，防卫与控制的概念。二是，防卫与控制起源与演变。区分了防卫与控制、擒拿格斗的概念，并且分析在发展过程中两者之间的关系，还有涉及中华武术、军事训练的领域，两者最后演变为警察训练内容的过程。三是，防卫与控制的主要内容，包括基础训练理论、体能训练、格斗技术、擒拿与抓控技术、警械使用，及其他实用技术。四是，防卫与控制训练的六大特点，包括遵循法律的规定、遵循安全的原则、多种强制手段综合运用、简单实用和便于掌握、应变性强，运用广泛，以及凸显“四个化”。

学习要求： 明确什么是防卫与控制，了解防卫与控制发展过程，了解防卫与控制的主要内容和特点。

第一节　防卫与控制的概念

防卫与控制是指人民警察在制止违法犯罪行为或在执行职务中遇到不法侵害行为时，依法使用警械和武器，或在不准、不能以及来不及使用警械和武器的情况下，在法律法规允许的范围内，徒手制服违法分子或犯罪嫌疑人的一项专门技术，是人民警察为保证顺利执行任务而必须掌握的一项重要的警务实战技能。

现代警察擒拿格斗是指警察依据法律，以制服违法犯罪分子为目的，在长期总结实践经验的基础上，通过对擒拿格斗技术技能本身固有规律、特点及各种情况下实战运用的研究，从而形成的一种具有警察特色的特殊擒敌技能，属于警察体育范畴，是警察与违法犯罪分子进行斗争的必备技能。随着公安工作对敌斗争尖锐性日益显露，擒拿格斗已越发体现出其在短兵相接中任何武器都难以替代的特殊作用。在公安院校的课程中擒拿格斗教学是警察体育的重要部分，有自己的课程体系，内容丰富，特点突出，训练方法和手段等都在不断趋于完善。

第二节　防卫与控制的起源与演变

擒拿格斗起源于中华武术，在早期的战争和训练中被逐渐加以重视，并推动发展。新中国成立以后公安部门将其列为公安教育的重要组成部分，在公安执行日常警务活动中起着举足轻重的作用。擒拿格斗在公安院校中的专业学科归属于体育学，在长期的实践中，擒拿格斗的特点、课程结构、教学内容、训练方法和手段都日趋发展和完善，但是由于学科发展时间短以及来源于武术和军事教育训练领域等客观方面原因，学科体系建设依然存在不足，理论研究、教材建设与心理训练等方面均有待加强。

一、擒拿格斗起源于中华武术

擒拿格斗是在中华武术的发展过程中形成和演变而来的；武术的本质就是徒手或手持武器搏杀格斗的方法或技艺。在原始社会，人们为了求生存、为了防暴自卫，徒手或运用生产生活工具以及专门的兵器，与野兽或其他部落进行战斗；或是原始宗教礼仪或丰收上的演练，就是所谓的武舞。随着时代的变迁，武舞演变为武术。因每个朝代或阶段的特点以及人们需要的不同，武术发展也不同，大致分为三类：健身娱乐武术、防卫实用武术和军事武术。

防卫实用武术和军事武术在民间社团和朝廷军队中逐渐发展盛行，具有代表性，如汉代的“武艺”，到明代的“武术”，清代的“国术”，武术流派众多，武术文化基本形成。随着战争的扩大，军事技术中的武术和气功尤为突出。

军事武术的内容包括：拳、刀、枪、棍、矢、马术、对练等，当时的武术也影响了国外武技。日本的柔道和巴西的柔术都可以看到中华武术中擒拿格斗的身影，由此可见，中国的擒拿格斗对世界搏击术的发展具有极其深远的影响。

二、军事训练重视擒拿格斗训练

在抗日战争、解放战争中，擒拿格斗技能以徒手格斗或使用大刀、矛刺杀等使敌人闻风丧胆，是警卫兵、侦察兵等人员必须掌握的克敌制胜的技术技能。在中央苏区时期，擒拿格斗得到广泛深入地开展，属于军事体育范畴内，那时部队教育训练的主要课目是军队体育。而军队体育得到充分的肯定和发展，还是在新中国成立以后，这是军事体育在发展历程中的一个重要的转折点。军事体育课程中开展了刺杀、擒拿等技术训练，并发展了军人体能，提高了作战行动能力，培养了坚强的意志和勇敢机智的品质，提高了素质、增强了部队战斗力，是有组织、有计划、有目的的教育训练。

现代战争主要是高科技兵器的对抗，但基础训练还是离不开擒拿格斗，特别是国家的特种部队的创建，根据他们要完成的任务，设置训练课目，有夜战攻防训练、擒拿格斗训练、捕俘技术训练、战术训练等必修技术技能。格斗术在国外军队训练中占的比例很大，例如，美军不管在院校还是在部队中一直开展拳击训练和刺杀训练；日本、韩国部队把相扑和跆拳道固定为训练内容；意大利军队引入中国武术等，世界各国军队大多通过开展擒拿格斗提高作战主体的作战技能。

三、警察训练中的擒拿格斗

杨波等在《警察抓捕中擒拿技术分类及教学特点的研究》一文中谈到，纵观各国军警从古到今无不重视擒拿格斗训练，从进行抓捕的实际效果来看，擒拿术无疑是警察最理想的擒敌技术。警察学练擒拿技术，最直接运用就是执行抓捕任务，执行任务的前提是在遵守中华人民共和国宪法和法律，在尽量对嫌犯不造成身体伤害的前提下使其短暂丧失反抗能力而实施抓捕。法制社会中警察制服暴徒，应使其就范而不危及其生命，致人伤残的抓捕，一方面法律不允许，另一方面还容易给人留下滥用暴力的恶劣印象。

曹超等在《警察擒拿格斗训练法研究》一文中，描述多种训练方法：身体专项身体素质训练法，是擒拿格斗训练的基础训练，擒拿格斗作为一种技术技能，必须以良好的专项身体素质为载体去发挥技术技能的作用，充分展现技术技能所产生的效果，没有良好的专项身体素质，再好的技术动作也变成了花拳绣腿。辅助器材训练法是指利用辅助器材进行训练，它能有效地针对擒拿格斗训练中不足的地方进行加强性的训练，或使某一方面的优势变得更加突出。持续重复训练法就是通常意义上讲的强化训练，在训练中多次反复刺激小脑和皮下组织，使动作技术较好地形成动力定型，其效果明显、稳定。一种技术往往是通过多次的反复训练才能被人所掌握。变换条件训练法是指在训练的过程中，有目的地改变练习的速度、力量、数量等运动负荷，或改变练习的内容与形式，以及改变场地、器材、时间、空间、对象等训练环境与条件，以提高警察在实战中的适应性和应变能力，发展不同条件和环境下实战技术和战术使用的能力，在训练中增强趣味性与积极性的训练法。还有心理素质训练法、以战促训训练法、套路训练法等。

擒拿格斗较早地运用于军队，并得到了稳定的发展，他们把这种技术技能称为擒敌术、刺杀术。当中国近代警察制度诞生后，1927 年，中央特委领导人周恩来直接领导的特科就设有行动科，主要负责训练，内容有格斗技术，是沿用军事格斗技术；1931 年，警察队伍的训练从实践和民间总结了一些捆绑技术和简单的擒拿动作；1938 年，中国共产党建立了第一支警察队伍——延安警察队，这一时期擒拿格斗已然成为警察训练中不可或缺的项目，其在军事部队中也得到大力的发展，只是因为发展目标和实际的需要不同，警察训练的格斗术倾向于擒拿术，而不完全是格斗刺杀术，且训练方法和手段较多。

党的十一届三中全会以后，公安机关根据执行任务的需要和广大民警的迫切要求，重新定位擒拿格斗技术。社会治安的维护突出人民警察的地位和作用，国家安全不管在哪个时期，哪种特殊情况下都需要警察，擒敌技术是执法时急需的技能，重要作用显而易见。1989 年，中国人民公安大学成立了警察体育系，有了独立的专业，这时擒拿格斗从军事体育中剥离，形成具有警察特色的实用技术；1992 年后，随着警察体育的蓬勃发展，擒拿格斗有了很大的改变。

新中国成立初期，各级公安机关和公安部队，借鉴解放军的捕俘技术经过逐步修改补充，初步形成了具有公安特色的擒敌技术，成为警察格斗技术的雏形。后为适应人民警察学校和公安高等专科学校的需要，公安部将“擒敌技术”正式更名为“擒拿格斗”并将其作为军事体育的一项重要内容列入教材，1989 年，中国人民公安大学设立了警察体育专业，格斗成为警察体育中的子学科。学科建立初期，人们对警察格斗的认识仅仅停留在技术操作层面上，缺乏公安工作的客观实证。随着社会与经济的发展，公安机关面临的社会治安形势更加严峻，公安民警的职业危险性更大，我国民警因公伤亡逐年增多，这已成为公安工作的一个突出问题。为此，公安部在《人民警察基本素质规范》第 13 条中明确规定："人民警察应当掌握与犯罪分子进行搏斗的基本技能，熟悉武器警械的性能、特点，并能正确地使用。"为适应公安工作的新形势、新特点、新任务，警察格斗技术逐渐贴近民警实战需要、贴近执勤执法过程中最基本的环节，民警的实战本领得到了提高，更好地打击了犯罪，减少了不必要的伤亡。2002 年，公安部明确提出将警务技能及战术训练作为必修课程和必训科目，有针对性地加强了防卫、格斗等警务技能训练。

在法制越来越完善的社会发展阶段，维护国家社会内部稳定，更多的还是依靠警察有序的行政管理和文明执法，这要求人民警察一方面必须依法行使职权，履行警察职责，不能暴力执法；另一方面，遇到各种暴力事件、危害国家财产安全以及人民群众生命财产安全的事件时，可以视情况采取必要的强制手段，打击、制止这些违法犯罪活动的发生。在基层执法活动中，有的警察对当事人采取不合法的踢打等强制手段，以达到控制目的，完成警务工作任务。有的警察性格过于柔弱，在一些突发事件中缺乏应激能力，遇到不法分子用暴力手段攻击时，不能依法反击自卫，保护自身和人民群众的安全，造成不该有的人身伤害。原来的警察擒拿格斗课，为适应新时期公安工作的需要更名为防卫控制课，理念上突出了在公安工作中运用防卫与控制技能，必须严格执行有关法律规定，做到依法行事，不能随意、滥用格斗技能。法律既为警察使用格斗技能提供法律上的依据和保障，同时又严格制约着警察的格斗行为。因此，警察必须熟练掌握并依法行使防卫控制技能。

军事体育中的擒拿格斗术为警察防卫控制提供了大量的技术资源，而且竞技体育中的散打、拳击、柔道、摔跤、跆拳道、空手道等先进独特的技术、训练方法，同时也对警察防卫控制技能产生了重大影响并起着积极推动作用。但是，竞技体育中的格斗项目要遵循体育竞技的规则，以在竞技比赛中制胜为目标，而警察防卫控制要遵循法律的规定和安全的原则，完全按照竞技体育项目的内容和形式进行防卫控制教学训练，就会使警察防卫控制的训练脱离公安实战的需要。军事体育讲究敌我斗争关系，训练内容突出歼灭思想，追求你死我活、非死即伤的技法，直接照搬这样的训练方法有悖于人民警察执法宗旨和职责。

第三节　防卫与控制的主要内容

现代警察训练的擒拿格斗课程内容没有以前那样复杂，但技术含量高，因犯罪分子多数利用高科技信息技术和先进的武器进行违法犯罪，徒手或手持器械搏斗的现象相对减少，使用枪支的情况增多，但是不管现代武器如何发展，都无法取代短兵相接的擒拿格斗。擒拿格斗从字面上理解包含擒拿术和格斗术，两者相互独立又可以整合。经过多年的实践和改革，擒拿格斗在教学或培训中发生了新变化，表现为系统性、易操作性、实用性和实效性。

警察擒拿格斗离不开踢、打、摔、拿等技术技能，但是警察的特殊地位和职责，决定了警察在执法活动中所采取的强制措施有其自身的特点，即旨在控制对方。因此，警察擒拿格斗的教学内容更强调实用性和实效性。

一、防卫与控制的基础训练理论

防卫与控制基础训练理论包含其概念、起源与演变、主要内容和特点，以及训练的原则和方法、身体素质训练理论、训练受伤与预防、使用防卫与控制的法律依据等。

二、防卫与控制的身体素质训练

与擒拿格斗密切相关的力量、速度、灵敏、柔韧、反应等身体素质的训练。一般有两种方式进行：一是融入专项训练中；二是专门开设相关体能训练课程。

三、格斗技术

以拳、腿、摔三大技法为主，是攻防对抗练习。以前根据运动特征，把课程名称定为拳击、散打、柔道、武术套路等，形式有徒手、徒手与器械、器械对抗三种，基本是竞技体育比赛项目。现在公安院校的擒敌格斗课程分类越来越细，有的引进跆拳道、合气道、泰拳等外国搏击项目。

四、擒拿与抓控技术

擒拿与抓控技术是比较有特殊性的，严格来说不属于体育，属于应用技术，是短兵相接与敌人贴身近战的一门格斗技术，以手法运用为主，以“先发制人”和“后发制人”为战略战术，控制对方身体反关节部位，用的是“巧”和“力”来达到制胜目的，往往配合拳、腿、摔技法使用。

五、警械使用

以擒拿术和格斗术整合为核心，以法律为准绳，以用手铐、警棍、警绳，采取搜、拷、押的手段打击和控制犯罪分子为最终目的的综合技术。

六、其他实用技术

为了适应新的社会治安形势的需要和课程创新，擒拿格斗技术在结合自身特点的基础上，形成了一些新的研究方向，例如，“防卫控制术”、“警察防卫技术”、“逮捕术”、“控制反抗术”等，不管如何演变，擒拿格斗技术还是起基础作用。

第四节　防卫与控制训练的特点

警察防卫与控制是警务技能训练中最具职业特点的专项技能，各个公安院校或培训机构很重视防卫与控制的教学和训练。为了提高实战对抗的能力，应该先了解其特点。

一、防卫与控制训练遵循法律的规定

警察在执行职务中使用防卫控制技术，必须严格依照有关法律，做到依法行事。法律是公安机关打击罪犯的有力武器，为警察防卫控制提供法律上的依据和保障，同时又严格

制约着防卫控制行动，必须以法律来规范防卫控制行为。我国《刑法》、《人民警察法》、《人民警察使用警械和武器条例》、《逮捕拘留条例》、《最高人民法院最高人民检察院公安部国家安全部司法部关于人民警察执行职务中实行正当防卫的具体规定》等都明确规定：人民警察在执行职务中对抗拒的违法犯罪分子（包括犯罪嫌疑人），可以采取适当的强制方法，其中包括徒手控制措施。如果民警违反上述法律法规规定，则承担相应的行政处分和刑事责任。

二、防卫与控制训练遵循安全的原则

这里所指的安全包括警察自身的安全，执法现场无关人员的安全，甚至是嫌疑人的安全。与部队“集中力量打歼灭战”的战术指导思想相比，警察战术侧重于“以捕为主”。警察缉捕犯罪分子的目的，一般来说，不在于消灭罪犯，而在于将其捕获，并查清犯罪事实，交付法院对其进行法律制裁。同时，通过对罪犯的审讯，可以获取更多的证据和线索，以利于扩大破案战果，更有力地打击犯罪活动。因此，警察使用防卫控制技术的根本目的是在法律法规允许的范围内，制服擒获违法分子或犯罪嫌疑人。同时值得注意的是，警察在制止犯罪或盘查、搜查犯罪嫌疑人时，还应保持高度的警惕，随时准备应付罪犯的突然袭击，尽可能减少伤亡。

三、防卫与控制训练综合运用多种强制手段

人民警察制止违法犯罪行为，可以根据现场的情况使用强制手段，这些强制手段包括语言、徒手、警械和武器，徒手防卫控制只是其中一个环节。使用徒手防卫控制要和语言控制、使用警械、武器相结合。制服擒获的标志是在抗拒的违法分子或犯罪嫌疑人不敢反抗、来不及反抗或无法反抗的情况下，将其有效制服并顺利捆、铐和安全押解到相关的法律部门。这就需要综合运用各种强制手段。

四、防卫与控制训练简单实用，便于掌握

警察在实战中要求一招见效，在动作过程上要求快、准、猛、狠，一招制服；在技术运用上干脆利落，不拖泥带水，不反复纠缠，不搞花架子，尽快结束战斗。防卫控制技术动作要简单实用，易教易学，内容一看就懂，一学就会，一练即用，要便于掌握和普及，经短期训练便能实战运用。既可根据工作需要系统学习，也可有针对性或应急性选学部分内容。

五、防卫与控制训练应变性强，运用广泛

防卫控制内容丰富，技术多样，针对性强，选择余地大，基本涵盖了公安工作中需要使用防卫控制技术的各种情况。因此，可以根据不同的任务需要，在不同的地形、场所和态势下，针对不同的捕获对象，随机应变，灵活应用不同的技术战术，以达到制服控制效果。由于警察工作的场面千差万别，警察使用防卫控制技术的场景包括了制止打架斗殴、酗酒闹事、传讯或搜查尚未定性的可疑分子、执行逮捕拘留和押解任务、进行正当防卫等。在防卫控制技战术运用上，包括从单纯的徒手控制到盘查、搜身、对付凶器、地形地

物及车辆利用、临场快速反应等；从重视单兵格斗到注重单兵与小组战术协同，发挥作战的整体威力，建立合理的警力优势，运用多样化手段，力求全胜或达到“不战而屈人之兵”。

六、防卫与控制训练凸显“四个化”

随着警察训练不断地发展，稳步推进防卫与控制训练逐渐正规化，其训练的特点也逐渐发展为科学化、系统化、法制化和战术化，四个方面的特点简称“四个化”。

（一）科学化

擒拿格斗理论研究学科化，既有体育学领域的研究成果，又有公安学领域的研究成果。

（二）系统化

擒拿格斗系统化，突出主干线，以擒为主，“一招制敌”；简单实用，易操作，内容丰富，针对性和应变性强，有不同的制服获胜效果。

（三）法制化

擒拿格斗运用中突出法治化，强调严格执法，依法行事，使警察在擒拿格斗中受到法律的制约，同时也得到法律的支持和保障。

（四）战术化

擒拿格斗战术化，提倡应用格斗战术，侧重于“以捕为主，捕歼结合”，尽量减少或避免警察不必要的伤亡，安全第一。警察格斗战术更多的是借鉴军事战术，例如，单兵战术、协同战术等。

第二章　人体要害部位与击打效果

学习内容：本章节主要学习三部分内容，包括人体主要关节的介绍、人体要害与薄弱部位的描述，以及人体要害部位的击打效果。

学习要求：完全掌握人体要害部位准确位置和击打方法，充分了解被击打后的效果，以便为防卫与控制技术训练打下一定的基础。

第一节　人体主要关节

骨与骨之间的间隙一般称之为关节，一种是可以活动的，叫做可动关节；另一种是不能活动的，叫不动关节；还有一种活动幅度较小的中间型，可称为少动关节，除了少部分的不动关节可能以软骨连接之外，大部分是以韧带连接起来的。因此，在防卫控制当中，根据关节活动范围有限的特点，采取不同的控制方法，主要介绍下颌关节、颈椎关节、肩关节等八种易被控制的关节。（见图 2—1）

一、下颌关节

下颌关节由下颌关节突与下颌关节窝连接构成，是颌面部具有转动和滑动运动的左右联动关节，是人体最复杂的关节之一。由于下颌关节韧带松弛，若张口时从侧面击打，可使下颌关节脱位或韧带撕裂，用勾拳由下向上击打下颌，易伤舌头，并对大脑产生剧烈震荡，产生短时间的反应迟钝。

二、颈椎关节

颈椎是脊椎的一部分，共有七节，每个颈椎骨都有椎孔，相互串联形成椎管，有较大的活动角度，同时，颈椎也是脊柱椎骨中体积最小，但灵活性最大、活动频率最高、负重较大的部位。由于颈椎管内有脊髓通过，脊髓是中枢神经的一部分，直接与脑相连，如果受到损伤，例如，用暴力打击、猛烈扳拧、旋转颈部等，可引起错位或骨折，损伤累及脊髓或动静脉，轻者躯干、肢体瘫痪，重者死亡。

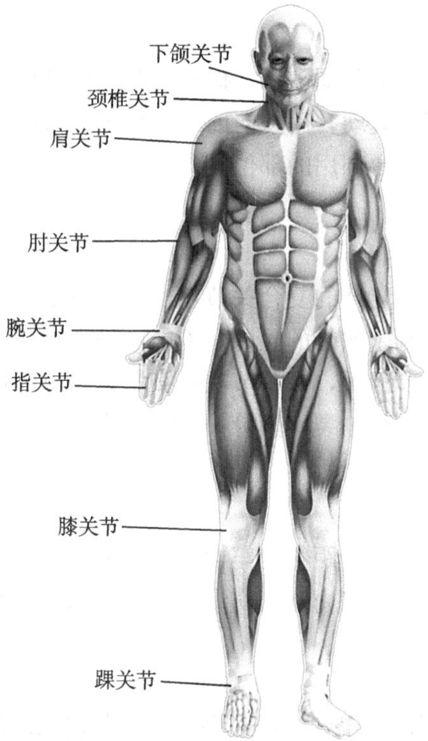

图 2—1

三、肩关节

肩关节属于球窝关节，主要由肱骨头和肩胛骨的关节盂构成，是人体运动中活动范围最大的关节，可以做前屈、后伸、内收、外展、旋绕等动作，但是由于关节盂浅，关节面大小相差较大，关节囊松弛，韧带少而弱，所以牢固性较差，当用暴力将其左右拧转或向后扳拉时，最容易脱臼，或者使肌肉、韧带撕裂。

四、肘关节

肘关节是复合关节，由肱尺关节和肱桡关节组成，可做屈伸运动或小幅度的旋转运动，但活动范围较小。因此，肘关节最怕在完全伸直的情况下对肘尖部位施加反方向的暴力击打，轻则使肘关节脱臼，重则骨折，丧失运动能力。

五、腕关节

腕关节的运动幅度较大，可做屈伸、内收外展及环转运动，但由于构成关节的骨关节较为复杂，其上覆盖的肌肉弱，韧带坚固性差，因此，腕关节在徒手防卫控制中的可利用机会最多，用力向一个方向扳拧、扭折腕部，容易导致脱臼并引起骨折和韧带撕裂等损伤。

六、指关节

指关节都是单轴关节，活动范围较小，拇指为两节指骨构成，其余四指均由三节短小的指骨连接而成，只能做屈伸运动，用力向前、后折压手指超过极限或向左右扭拧，容易脱臼或骨折，也是防卫控制中常利用的部位。

七、膝关节

膝关节为人体内最大、最复杂的复合关节，也是人体下肢最重要的关节，受到内、外交叉韧带和胫侧副韧带、腓侧副韧带的限制，不能向外、内收，但可以做屈伸运动和屈位较小幅度的旋内、旋外动作。因此，该关节在伸直状态支撑身体时，用暴力击打两侧和前部，可造成半月板、肌腱、韧带撕裂，髌骨损伤，丧失运动能力。

八、踝关节

由胫骨、腓骨下端的关节面与距骨滑车构成，活动范围较小，能做足背屈、内翻、外翻，踝关节容易发生扭伤，其中以内翻损伤最多见，如用力将足左右扳拧或蹬踹时，会使踝关节脱臼及韧带撕裂。

第二节　人体要害与薄弱部位

人体有许多部位是容易遭受打击的薄弱部位和敏感区，精准、有效的打击可以使其生理机能暂时或永久地消失，有时一击便可毙命，因此，这些在防卫技击中具有特殊的意义部位，被称为要害部位。了解并熟悉这些要害部位，再加精准、有效的击打技巧，就能在警务活动中有效地制服敌人。此外，还要保护好自己的这些要害部位，以防受到袭击。

一、头部

头部位于人体最上端，集听觉、视觉、嗅觉、思维能力于一体，这个部位分布着许多要害部位，例如，眼睛、太阳穴，眼鼻部三角区和下颌区域，这些部位的神经血管分布相当丰富，痛觉敏感，在受到拳、肘、膝或器械等外力击打时，会疼痛难忍，丧失功能或使人丧失战斗力。(见图 2—2)

(一) 眼睛

眼睛是人的视觉器官，在组织结构与生理功能上比较特殊，底部靠近鼻梁处有视神经和大脑相连。人的行动能力基本由眼睛引导，因此它是人体最重要的要害部位之一。

击打方法：对于此部位可用指戳击或击打。

(二) 太阳穴

太阳穴属头部颞区，有颞浅动脉、静脉及颞神经穿过，也是最早被各家武术拳谱列为要害部位的“死穴”之一，现代医学证明，打击太阳穴，可使人致死或造成脑震荡使人意识丧失。

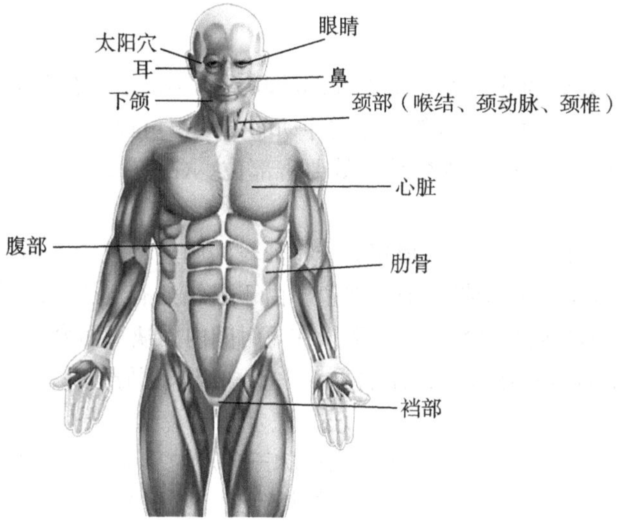

图 2—2

击打方法：攻击时可用拳面和肘关节撞击。

（三）耳

耳是听觉器官，同时又是位觉器官。除了感受听觉，它还有感受人体空间体位变化，具有维持身体平衡的功能。耳郭神经离大脑较近，受到击打或挤压后可损伤通往脑膜中的动脉、静脉分支，使血液循环受阻。而且耳部在下颌骨的上缘，下耳郭的后面，有一个和太阳穴一样致命的穴位叫完骨穴，打击耳和耳后完骨穴，轻则击穿耳膜或耳内出血，重则脑震荡或死亡。

击打方法：攻击时可用双拳同时左右夹击。

（四）鼻

外鼻和鼻腔都是由骨和软骨作为支架，直接覆盖皮肤而构成的。由于鼻软骨的存在，使鼻部的骨性结构变得脆弱。同时，鼻表面和鼻腔内都缺乏皮下组织，既没有丰富的肌肉，也没有脂肪。当对鼻梁一侧进行打击时，可以造成鼻骨击碎、下眼眶骨折、鼻内大出血、流泪不止以及剧烈的疼痛等效果，并可造成短暂的视觉障碍。

击打方法：攻击时可用拳面击打、膝关节撞击及脚面踢击。

（五）下颌

颌部向下与颈部相连，向上通过下颌头与颅腔底部相连。在颌的两侧有舌下神经，布满了神经束，向此部位施以强烈的击打，会造成犯罪嫌疑人全身的麻木甚至是休克。

击打方法：攻击时可用直拳冲击或肘关节上挑。

（六）后脑

后脑位于颅骨后部，包括小脑、脑干和延髓，是人体重要的生命中枢，由于缺少坚硬的骨骼对其进行保护，在受到打击时，易使相关神经受到损伤，从而造成脑震荡甚至是脑损伤等严重后果。

击打方法：可用拳面或肘关节击打。

二、颈部

颈部，指头部与双肩的连接处，由于颈部的联系作用，脑发出的各种指令得以传输到躯干和四肢，身体感受到的各种刺激以神经冲动的方式也可以传送到脑，其重要作用不言而喻，颈部分布着咽喉、血管、颈椎关节等要害部位。（见图 2—2）

（一）喉结

喉结在颈部正中，突出于皮下，成年男子特征较为明显。喉结上通咽和口、鼻腔，下连气管，是肺脏与外界进行气体交换的通气要道。由于喉结处有气管、颈动脉及迷走神经，故用手掌外缘砍击或用小臂从背后勒，可使敌人在短时间内因缺氧而窒息，甚至死亡。

击打方法：攻击时可直接攻击或用肘勒、手卡，以及锁脖技术。

（二）颈动脉

颈部的两侧布满致命的血管、神经，颈动脉三角就位于胸锁乳突肌前线的颈内侧三角中。因此，在颈侧的颈动脉三角处，能用手触摸到颈动脉的搏动。暴力打击或压迫颈动脉三角，常常立即导致昏厥或死亡。

击打方法：攻击时可用手掌外缘砍，也可用肘关节下砸。

（三）颈椎

由于颈椎椎体在脊柱中相对较小，椎管也相对窄小，颈段脊髓又最为膨大，因而颈椎椎管与颈段脊髓对比显得不够宽大，因此，颈椎损伤时，也容易损伤颈段脊髓。第五颈椎以上脊髓损伤时，还会引起膈肌瘫痪。膈肌瘫痪后，伤员的自主呼吸不能维持会很快因窒息而死亡。

击打方法：攻击时可用手掌外沿砍击和肘关节撞击颈后枕下三角区或以两手抓住敌方头部猛力向两侧扳拧。

三、躯干部

躯干要害部位包括心脏、腹部、肋骨、裆部等。（见图 2—2）

（一）心脏

心脏是人和脊椎动物身体中最重要的一个器官，主要功能是提供压力，把血液运送至身体各个部分，此部位分布着膈肌神经丛、胃食管及主动脉、下腔静脉。如遭暴力打击，血管会因外力压迫而膨胀，导致心脏跳动急促或停止跳动、窒息，甚至死亡。

击打方法：用脚踢、踹，或是肘击等具有较强的穿透力的动作。

（二）腹部

腹部的要害主要集中在上腹部，其分布着极其敏感的腹腔神经丛，而上腹部又是胃的所在部位，用力击打，会产生明显的痛感，弯腰捧腹，失去反抗能力。

击打方法：攻击时可用脚踢、膝顶等。

（三）肋骨

肋部分布着 12 对细长的肋骨，且附在表面上的肌肉很薄，用膝顶或脚踢任何部位的肋骨，有可能使敌肋骨骨折，并且内有肝、胃、脾、胰等人体主要内脏器官，这些实质性器官含有丰富的血管，折断的肋骨还可能刺破内脏，造成体内大出血，失去功能，甚至死亡。

击打方法：攻击时可用拳击、膝顶或脚踢等。

（四）裆部

裆部是人体神经末梢丰富部位，男性生殖器血管神经丰富，敏感性极强，且极易受伤，即使是受到压、弹等轻微外力击打，也会疼痛难忍，丧失抵抗能力，休克甚至丧命。

击打方法：攻击此部位可脚踢，如距离很近，可改用膝顶或手抓手法。

四、注意事项

以上身体各部位是否要害皆是相对而言的，它是可以随着目标的身体状况、自身的能力以及外界环境的变化而发生改变的。因此，在实战中，需要执行者根据实际情况，选择击打部位及击打力度。

第三节　人体要害部位的击打效果

一、眼睛

以拳、掌等钝性暴力打击眼部可以使眼睑迅速发生出血和水肿，出现暂时的视觉障碍；若用手指及其他坚硬锐器直戳眼窝，可使眼球球体破裂，眼内大量出血，眼内容物脱出，视力完全丧失。视力丧失虽不至于危及生命，但可以直接影响人的行动能力，在格斗中常常造成极其被动的局面。

二、太阳穴

太阳穴遭暴力打击，会刺激太阳穴皮下的神经，使人头晕目眩，造成暂时性的平衡感觉丧失。严重时会使脑膜中动脉破裂，可使人立即陷入昏迷，昏迷后的间歇清醒期极短，多则不足 1 小时，少则只有 10 分钟，常常在损伤 2 小时后完全昏迷。如果伤后 6 小时仍不能有效地制止出血，即可以致命。

三、耳

以拳面或手掌击打耳部，可以因外力震荡和气浪的冲击造成中耳鼓膜破裂，引起耳内出血、疼痛、耳鸣和听力丧失，有时还会伴有头晕、恶心、休克等症状。除此之外，在耳根部皮下，有耳大神经、枕小神经等多条神经分支重叠分布。因此，耳根是一个极为敏感的部位，掐拿耳根部会产生剧烈的酸疼感，用力掐拿可以使人晕厥，重击耳根可使人立即毙命。

四、鼻

以拳或掌暴力打击鼻梁一侧，除鼻骨被击碎外，还可以造成下眼眶骨折。鼻骨被击碎，可使鼻内大量出血，疼痛异常，并使两眼泪流不止，造成暂时视力障碍。鼻腔出血的潜在危险在于血液流经咽喉引起误吸。在鼻腔后部，由于鼻咽相通，因此鼻腔后部的出血或鼻窦出血很容易误入呼吸道，阻断呼吸，引起呛咳或造成窒息而危及生命。

五、下颌

下颌部的关节可以像杠杆一样将击打的力传递到控制心跳及呼吸的后脑，击打下颌部可以造成瘫痪、轻微振荡及昏迷。

六、后脑

后脑正中的枕骨穴被称为“致命穴”，后脑遭打击极易形成脑震荡，它是对外力冲击承受力最差的一个部位。因此，以暴力打击后脑，极易形成脑震荡甚至造成更严重的脑损伤，严重可以致命。

七、喉结

以虎口、掌持续地压迫喉结或小臂勒喉一般不会使人立即致死，多需要经过一段时间，主要是由于阻断了呼吸和阻断了脑循环血流引起的；但以拳、掌打击喉结可以立即置人于死地，这主要是喉结上的喉上神经和食管上的迷走神经丛受到强力刺激，致使心跳、呼吸产生反射性抑制的结果。

八、颈动脉

打击或压迫颈动脉三角，会刺激颈部的迷走神经，对心跳和呼吸产生双重的抑制作用，引起心率减慢、心力减弱，血压大幅度下降，同时还会引起长时间的反射性闭气使吸气突然终止，甚至会引起心力衰竭和呼吸骤停而导致死亡。

九、颈椎

打击颈后枕下三角区或以两手抓住敌方头部猛力向两侧扳拧，很容易造成颈椎骨折、脱位，压迫脊髓神经引起四肢麻痹、高位截瘫。

十、心脏

心脏遭暴力打击，或重力挤压、砸压，血管会因外力压迫而膨胀，导致心脏跳动急促或停止跳动、窒息而死亡。

十一、腹部

以拳、脚打击肚脐以上的上腹部，尤其是打击胸骨剑突下的心窝处，可立即引起剧烈的腹痛使人不能呼吸、不能直立、腹肌痉挛、瘫倒在地，甚至可以因为强烈的神经反射作用，使人晕厥或昏迷。

十二、肋骨

打击左软肋易导致脾破裂，造成严重的腹腔内出血和剧烈的腹痛，随出血的增加，会很快扩大到全腹，出现全腹弥漫性腹痛，同时会很快导致出血性休克，甚至造成死亡。打击右软肋易致肝破裂，肝脏为多功能脏器，缺氧耐受性差，肝脏破裂所引起的后果常常十分严重，死亡率极高，死亡速度极快。

十三、裆部

攻击裆部可以轻易使人失去抵抗能力，男子出现恶心、呕吐，以及严重休克，甚至可以致死，女子遭受裆部攻击产生剧烈疼痛，严重的也会引起休克，但后果一般不如男子严重。

第三章　防卫与控制训练原则和训练方法

学习内容： 本章节主要学习在防卫与控制训练中所运用到的训练原则和训练方法两方面内容。归纳起来训练原则有八条，包括实战需要原则、有效控制原则、系统训练原则、区别对待原则、依法施策原则、灵活善变原则、理论指导实践原则和协调统一原则。训练方法有十一条，包括讲授法、示范法、分解训练法、完整训练法、重复训练法、变换训练法、比赛训练法、想象训练法、加难或减难训练法、模拟训练法、实战训练法。

学习要求： 掌握每一种训练原则和训练方法，能够灵活地运用，能够自主训练。

第一节　防卫与控制的训练原则

防卫与控制的训练原则，是依据防卫与控制训练活动的客观规律而确定的组织警务技能与战术训练所必须遵循的基本准则，是警务技能与战术训练活动客观规律的反映，对警务技能与战术训练实践具有普遍的指导意义。由于警务技能与战术训练的复杂性和多样性，不同的领域有不同层次的训练活动，例如，体能训练、游泳运动遵循的更多是运动训练原则，防卫与控制训练就不一定是遵循运动训练原则了，它有着一些特殊的规律和指导原则。同时，即使是同一训练原则，在用于指导不同的领域不同的层次训练时也会有不同的内容和要求。警务技能与战术训练的最终目标是成功地完成执法战斗，实现胜利的结果。因此，一切训练的内容、方法和手段的选择及训练负荷节奏的安排都应该围绕着成功的执法战斗需要而组织实施。

防卫与控制训练原则是从运动训练原则和警务战术原则中引入，对警察的早期训练尤为重要。主要遵循的训练原则有八项，具体如下。

一、实战需要原则

实战需要原则即根据提高警察的警务技能与战术能力的需要，从实战出发，科学安排训练的阶段划分及训练的内容、方法、手段和负荷等因素的训练原则。贯彻这一原则可使训练更好地结合执法过程中法律法规的特点和实战的需要，提高警务技能与战术训练的专项针对性、实战性和实效性，争取获得满意的技术技能与战术发挥。受训者所有训练核心内容应当根据公安一线执法活动的需要，有力打击犯罪的需要，提高受训者个人警务技能的能力。因此，防卫与控制训练组织与实施，应该尽可能地贴近实战的需要，注重实效。

二、有效控制原则

有效控制原则是针对警务技能与战术训练活动提出的要求，目的是对活动实施有效控制训练。训练中应准确把握和控制训练活动的各个方面或训练过程的各个阶段，训练的内容、量度及实施，并对它们进行及时的和必要的调节，以使得警务技能与战术训练活动能够按照预先设计的方式运行，保证训练目标的实现。

三、系统训练原则

防卫与控制训练中遵循系统训练原则，特别是警务技能的训练。系统训练原则是指持续地、循序渐进地组织训练过程的训练原则。这一原则的确立与训练过程的连续性和阶段性的基本特性密切相关。它一方面指出受训者只有长时间、持续地进行训练，才有可能达到警务实战需要的技能要求；同时又强调，在一般情况下，必须循序渐进地，而不是突变式地增加训练负荷，才能取得理想的训练效果。

四、区别对待原则

区别对待原则是指对于不同训练项目、不同的受训者或不同的训练状态、不同的训练任务及不同的训练条件，都应有区别地组织安排各自相应的训练过程，选择相应的训练内容，给予相应的训练负荷的训练原则。针对不同受训者在训练中的个体特异性加以区别对待，是受训者训练时应遵循的重要原则之一。防卫与控制训练的效应，要通过受训者机体的变化予以表现，而每一名受训者的心理和生理状况、形态等，技术、战术能力以及素质、智力水平都各不相同，要想使训练工作取得理想的效果，就必须认真处理好训练过程组织的集群性与个体性之间的关系，考虑到训练项目的不同和受训者的个人特点，区别对待，有针对性地组织运动训练过程。

五、依法施策原则

人民警察在警务实战中，无论采用何种技能和战术形式与手段，都必须以法律为准绳，决不允许违法行动。警务实战活动是一个依法履行职务的执法过程。防卫与控制训练从内容到形式都不允许超越法律的约束范围，否则同样要受到法律的追究和制裁。

六、灵活善变原则

因为执法活动是复杂多样的，所以防卫与控制的运用应该是灵活善变的，这也是防卫与控制应用的灵魂和核心，是执法活动成功与否的关键。因案施策，因情施变，敌变我变，以变制变，有的放矢，防卫与控制的灵活运用才具有针对性、合理性和科学性。

七、理论指导实践原则

在身体训练的具体实践中，必须坚持以科学的理论为指导，遵循客观训练规律，结合人的身体发展和心理发展去实现训练目标。在防卫与控制训练中，理论指导实践的原则就是强调不能盲目地训练，需要掌握训练理论联系实际，合理地计划和指导训练。

八、协调统一原则

防卫与控制训练不仅是个人单兵的训练也是小组配合，乃至一个队伍战斗力的训练。协调统一原则，是指受训者的警务实战能力提高和防卫控制训练发展同步实施、协调发展，实现个人单兵和集体战斗力的统一。在实施训练过程中必须重视协调统一的原则。

第二节　防卫与控制的训练方法

有效运用防卫与控制训练的方法，是完成警务战术训练目标和任务的重要保证。目前，在体能训练、技能训练和战术训练中，训练方法是多种多样的。有些方法具有广泛的适用性，例如，讲授法、重复训练法等；有些方法的适用领域较为专门化，例如，想定作业法、模拟训练法等；有些方法属于现场操作性的，即在训练中用于发展若干运动能力的方法，例如，分解训练法、循环训练法等。因此，掌握防卫与控制科学的训练方法十分有必要。这些训练方法，根据各训练项目的需要，既可单独进行，也可交叉或综合运用。

训练是为实战服务的，警务实战训练中要根据各训练项目的特点，受训者的训练水平，各个训练时期、阶段的任务，科学安排警务技能训练的内容，选择最有效的训练方法手段，通过各种因素的全面协调发展，不断提高受训者警务实战训练能力。

主要的训练方法有十一种，具体如下。

一、讲授法

讲授法是训练者通过口头语言向受训者传授知识、培养能力、进行思想教育的方法。在以语言传递为主的训练方法中最为广泛，运用中常常要与其他训练方法结合。讲授法在明确技术原理、分析成因、揭示规律、推导结论、纠正错误、反馈信息等教学训练中起核心作用。它也是防卫与控制训练课授课的基本方法之一。讲授法主要有讲述法、讲解法、讲读法三种，其中，讲述法在理论课堂中常常使用，而训练场上讲解法常见，它是训练者用富于理性的语言向受训者解释与分析的方法。讲授法在运用过程中要逻辑清楚，防止空洞无物，要在理解教材的基础上设计科学的语言，深入浅出，言之有物，论之以理，要用通俗易懂的语言进行讲解，并注意符合受训者的认识规律，从具体到抽象，从感性到理性。讲解应注意突出重点，将最基本的关键问题讲清楚即可，不要追求面面俱到，要留有余地，给受训者思考、消化、融会贯通的时间。

二、示范法

现场示范法是防卫与控制训练中最基本的训练方法之一，也是最常见的肢体示范。它是指训练者在受训者面前展示某种动作或解释某种技巧，以使其能重复相同的动作。现场的示范效果与视频教学相比，更直接，更清楚，更有说服力。训练者可以根据受训者训练中产生的错误技术动作，明确提出并加以再示范，进一步地纠错，使受训者在最短的时间内，最快速度地掌握技术动作。

三、分解训练法

分解训练法是指在完整的技术动作或战术配合过程中，将其合理分成若干环节或部分，然后按环节或部分分别进行训练的方法。其训练形式主要分为单纯分解训练法、递进分解训练法、顺进分解训练法和逆向分解训练法四种，其中采用单纯分解训练法和递进分解训练法较多。单纯分解训练法，首先把训练内容分成若干部分，分别学习。掌握各个部分或环节内容，再综合各部分进行整体学习。特点是分解的技术动作和战术配合相对复杂；分解后的各个部分可以独立训练。例如，把拳法技术组合划分为直拳、摆拳、勾拳三种，其中这三种拳法又分左右拳，又划出三部分，然后分别教学，全部掌握后才可以进行组合拳的训练。递进分解训练法，需要训练内容分成若干部分。先训练第一部分；掌握后再训练第二部分；然后再将第一部分和第二部分合成起来训练；掌握两部分后，再训练第三部分；最后将三部分合起来训练。特点是训练内容的进程与技术动作、战术配合过程成一个循环状态，后一步骤的练习内容包括前一部分的内容。顺进分解训练法须把训练内容分成若干部分，先训练第一部分；掌握后，再训练第一部分和第二部分；掌握后，再将第三部分一起训练，如此步步前进，直至完整地掌握技术技能。这种方法比较适合有一定基础的受训者完成较高难度的技术技能。逆向分解训练法也有不少训练者使用，首先把训练内容分成若干部分，从最后一个部分开始由后向前学习。掌握各个部分或环节内容，再综合各部分进行整体学习。这种方法比较适合技术动作经常出错的受训者使用。

四、完整训练法

完整训练法是指从技术动作或战术配合的开始到结束，不分部分和环节，完整地进行练习的训练方法。运用完整训练法，便于受训者完整地掌握技术动作或战术配合；保持技术动作或战术配合的完整结构和各部分之间的内在联系。其可用于单一动作训练、多元动作训练、个人成套动作的训练、小组战术配合训练、集体配合动作的训练等。一般防卫与控制训练先使用分解训练法，然后再利用完整训练法去巩固受训者的技术动作。

五、重复训练法

重复训练法是指多次重复同一练习，两次（组）练习之间安排相对充分休息的练习方法。通过同一动作或同组动作的多次重复，经过不断强化运动条件反射的过程，有利于受训者掌握和巩固技术动作；通过相对稳定的负荷强度的多次刺激，可使机体尽快产生较高的适应性，有利于受训者发展和提高身体素质。构成重复训练法的要素包括单次（组）练习的负荷量、负荷强度及每两次（组）练习之间的休息时间。休息的方式通常采用静止。分解训练和完整训练的过程中，常常使用重复训练法，根据训练任务和受训者掌握技术动作的效果来制定重复训练的强度。但是注意过度使用重复训练法，受训者会容易产生疲劳和抵触情绪。

六、变换训练法

变换训练法是指变换运动负荷、练习内容、练习形式以及练习条件，以提高受训者的积极性、趣味性、适应性及应变能力的训练方法。它是根据实战过程的复杂性、对抗程度的激烈性、运动技术的变异性、运动技术和战术的变化性、运动能力的多样性，以及中枢神经系统的灵活性提出的。通过变换运动负荷，可使机体产生与有关训练项目相匹配的适应性变化，从而提高承受本项目实践操作时不同运动负荷的能力。通过变换练习内容，可使受训者的身体素质、运动技术和战术能力得到系统的训练和协调的发展，从而使之具有更接近实际需要的多种运动能力和应变能力。例如，练习腿法技术时，可以选择组合腿法练习，然后加上拳法技术形成拳腿组合练习，也可以腿法技术加上摔法技术形成踢摔组合练习。

七、比赛训练法

比赛训练法是指在训练中，为了提高受训者的防卫与控制能力，在近似、模拟、严格的条件下进行分组比赛，按训练者给出的规则和方式进行训练的方法。比赛训练法是根据人先天的竞争和表现意识、运动能力形成过程的基本规律和适应原理、教学训练内容的完成效果、受训者技术技能的增强等因素而提出的一种训练法。一般在参加警务技能大比武前比赛训练法使用较多。

八、表象训练法

表象训练是在暗示的指导下，在头脑中反复想象某种运动动作或运动情境，从而提高实战技能和情绪控制能力的方法。表象训练又称为视觉化训练、意向演练，或者叫想象训练。表象训练有利于建立和巩固正确动作的动力定型，有助于提高动作的熟练程度和加深动作记忆；实战前对于成功动作表象的体验将起到动员作用，使受训者充满必胜的信心，达到最佳实战状态。而且还有利于受训者的智力开发，增加经验贮备，减少对抗过程中意识的盲目程度，提高动作的知觉水平。例如，受训者在徒手完成空击动作时，表象训练法起一定的作用。

九、加难或减难训练法

减难训练法是指以低于实战难度的要求进行训练的方法，反之就是加难训练法。这两种方法常常用于防卫与控制训练的初始和最后两阶段。当受训者进行综合抓捕训练时，常常用到减难训练法。例如，进行入室抓捕训练时，先在训练场上进行案例分析、动作讲解和操作、战术使用以及分工要求，在徒手条件下完成部分练习，待受训者掌握后，再练习擒拿技术控制嫌疑人、使用警械、搜身、押解、带离等，逐渐提高训练难度，以达到实战要求。

而加难训练法是高于实战难度的要求进行训练的方法。这种方法的目的是通过训练提高在复杂困难的情况下运用战术的能力。采用的方式一般有：限制完成技术动作的空间和时间条件（例如，限制场地、缩短时间等），与不属同一级别的高水平受训者对抗，采用比实战条件更严格、更困难的标准进行训练等，一般多用于实战对抗训练中。

十、模拟训练法

模拟训练法是指在获得准确情报信息的基础上，通过与模仿警察执法实战过程中主要对手的对练，及通过在与现场案例条件相似的环境中的练习，使受训者获得特殊战斗能力的一种针对性极强的训练方法。随着警务技能与战术训练实践的发展，模拟训练方法的应用范围逐渐扩大。不仅应用于技能对抗训练（例如，格斗对抗、警械对抗、武器对抗的训练），而且在警务战术训练中，可使受训者能针对案例场地、气候、人员、警械武器装备、日程安排等具体情况进行有效的战术准备。

贴近实战的训练已成为新形势下防卫与控制训练的重要理念和训练方法。世界许多国家的警察警务技能都已向模拟实战训练方向发展，并使用先进的仿真模拟训练系统。在我国，警察射击训练使用仿真模拟系统比较多，而防卫与控制训练的模拟训练仅仅停留在训练场上案例的对抗模拟中。没有研究和开发仿真模拟训练，阻碍了防卫与控制训练教学质量的提高。在模拟训练时，要在生理、心理和环境等方面最大限度和可能地做到与实战相近，使训练逼真有效，让受训者的心理素质尽可能得到锻炼。防卫与控制训练中必须进行模拟训练的策略，可以从提高受训者的实战能力，制定与实战同步的训练，按照各警种的岗位职责进行训练，与本地实际相应的模拟案例对抗训练模式，综合实战演练等五个方面入手。为了使训练策略得以更好地实施，还应从提高教学手段、训练者素质、学科研究以及加大资金力度方面进行培养和扶持。

教学训练只有与实战紧密结合，才能最终在实战中减少无谓的牺牲，因此，如果研究出防卫与控制仿真模拟训练系统，可以通过激光和模拟实战场景的徒手或警械器具训练辅助手段，使受训者树立实战意识。

十一、实战训练法

实战训练法是指将技术、战术和身体协调能力有机结合起来，在真正对抗形势下，运用不同的技术动作战胜对方的训练方法。防卫与控制的实战训练，最核心的部分是通过训练培养受训者的心理素质，巩固技术技能，提高灵活运用战术、器物的作战能力和对抗能力，进而增强打击敌人、保护自己的意识。

想提高实战训练效果，可以采用录像手段，让受训者反复观看自己或高水平的实战，目的是使他们重复体验恐惧或焦虑情绪，以减小心理刺激，最后达到不再焦虑或恐惧的效果。其实这也是一种专项的心理训练。

第四章　身体素质及其训练

学习内容： 本章节主要学习防卫与控制训练所需要的身体素质训练，包括力量素质、耐力素质、柔韧素质、速度素质和灵敏素质五种，并介绍了每一项身体素质的概念、分类和训练方法以及训练的基本要求。

学习要求： 了解每一项身体素质内容，掌握其训练方法和基本要求。

第一节　力量素质及其训练

一、力量素质的概念

力量训练主要是从各专项的一般性练习、辅助性练习和举重训练中筛选出来的，这既可以是与全身整体力量（下蹲、举重等），也可以是与局部或某个肌群（肢体、躯干、肩带、髋部、屈肌群、伸肌群等）相关联的力量练习。

二、力量素质的分类和训练方法

肌肉力量训练方法的分类比较多，从解剖学角度一般将力量训练方法分为动力训练和静力训练两大类。

（一）动力训练法

动力训练又称等张收缩训练，在进行肌肉力量训练时，肌肉收缩产生的力能够引起身体和物体的运动或使运动发生变化，这种训练法称为动力训练法。根据动力训练时肌肉工作的状况，可将动力训练法分为四种。

1. 克制训练法

克制训练又称向心收缩训练，这是一种传统的训练法，大家习惯所说的动力训练就是这一种。其特点是肌肉收缩力大于阻力，肢体和器械朝肌肉拉力的方向运动，肌肉缩短。例如，上肢的各种推、拉练习，下肢的各种蹬、摆练习，躯干的各种屈伸练习，均属克制训练。

2. 退让训练法

退让训练又称离心收缩训练，这种训练法的特点是肌肉收缩力小于阻力。肢体和器械的运动方向与肌肉的拉力方向相反，肌肉被拉长。例如，身体负重后有意识的缓慢下蹲；举起杠铃后，肌肉继续保持紧张，有控制地缓慢地将杠铃放下；单杠引体向上成曲臂悬垂后慢慢地变成直臂悬垂，这些均属退让训练。

退让训练法不是新发明。受训者平时进行的哑铃蹲跳、蛙跳、纵跳、负重深蹲、单足跳、双足跳、跳深、跨步跳、多级跳等，都有退让训练的成分。退让训练有下列优点：一是克制训练法更能发展力量，因为克制训练法只是举起或拉起重物时肌肉收缩紧张，放下重物时肌肉松弛；而退让训练法往往是在克制训练动作完成之后，有意识地控制重物下落速度，肌肉还在保持收缩紧张，其锻炼效果比克制训练法好。二是能更有效地发展制动力量。所谓制动力量是指在动作迅速进行中，突然减速及停止的能力，例如，跳高受训者在起跳前的助跑中，最后一步起跳腿着地时，将向前的冲力猛然刹住，然后向上跃起；又如举重受训者在挺举预蹲中，迅速屈膝下蹲至一定位置，猛然刹住，使身体和杠铃的合重心不再下降，随即两腿用力蹬地，配合两臂将杠铃向上挺起。三是退让训练法对女子特别适宜。大多数女子的肌肉力量，特别是上身的肌肉力量较差，通过这种方法训练，能更有效地发展她们的肌肉力量。

3. 等动训练法

等动训练又称等速力量训练，是克制训练法的一种，但与一般克制训练法不同，这种训练须在特别的、可以调节阻力的器械上进行，而且器械产生的阻力总是和肌肉用力大小相适应。利用这种练习器，在整个练习中，关节运动在各角度上均能受到与肌肉收缩力相等的阻力，并保持相同的速度，从而使肌肉在整个练习中均能产生较大张力。这种练习方法，可以使肌肉进行全范围的训练，有利于在较短时间内达到提高肌力的目的。据报道，这种练习对发展肌肉力量的效果好而肌肉又不易损伤，是现代力量训练和肌肉损伤后功能恢复锻炼的一种新手段。实践证明，这种方法特别适合某些专项运动的需要。例如游泳、健美等。

4. 反应力量训练法

肌肉在受到外力的作用下，先由被动的离心式拉长再到向心式收缩，利用弹性势能在肌肉中的储存与再释放，通过神经反射性调节使肌肉爆发出更大的力量，这一过程中产生的力量被称之为反应力量，又称 Plyometric 训练。例如，跳深练习、多级跳、击掌俯卧撑、快速接传实心球等。这种练习对于发展反应力量效果显著。

在拉长收缩运动中，这种反射成分主要是肌梭的活动。肌梭被牵拉的速度和幅度传递给本体感受器，当其感受到快速牵拉时，肌肉活动便反射性地加强。这种反射性活动可以增加主动肌的收缩作用，从而加大了肌肉收缩的力量。和力学模型中的情形一样，如果在牵拉之后没有立即进行向心收缩（例如，拉长时间太长，或运动幅度太大），这种因牵拉而产生的增效作用将消失。

（二）**静力训练法**

进行肌肉力量训练时，肌肉的收缩力等于阻力，肢体和器械的空间位置不发生变化，这种训练称为静力训练法，又称等长收缩训练。其特点是肌纤维收缩到一定程度后便不再缩短，并使肌肉持续收缩紧张数秒钟，例如，双杠上的直角支撑、耗倒立、举（拉）起重物并持续一定时间，又如耗腿（控制压腿至最大幅度后静止几十秒至数分钟）、站木桩等都属于静力练习。凡在有支持、支撑、悬垂、固定环节、加固关节、维持平衡等静止动作的运动项目，都必须进行静力练习。进行静力练习时，一般是根据专项运动技术的特点，使环节处于与专项技术动作相一致的某一特定位置上，阻力要大，使肌肉发挥最大力量后，推、拉、提、举、蹬，每次练习肌肉可持续收缩数秒钟，一组练习可重复数次。

在发展力量的训练中，不但要重视动力性练习，还要安排一定的静力性练习。这样发展起来的肌肉力量，比较能适应体育动作的实际需要，因为大多数体育动作本身都是动、静结合的。而且，动静结合的力量训练对肌肉功能的发展也比较有利。

第二节　耐力素质及其训练

一、耐力素质的概念

耐力是指有机体长时间工作，克服工作过程中产生的疲劳的能力。疲劳是指由于活动而引起的工作能力及身体机能暂时性降低的现象。其主要表现为工作较困难或完全不能继续按以前的强度工作。此时，尽管完成工作较困难，由于有顽强的意志支配，在一定时间内仍可保持前一段工作时的强度，这时属于补偿性疲劳阶段。如果尽管主观意志想克服体力上已产生的紧张，但工作强度仍然降低，这时就属于补偿性失调的疲劳阶段。

二、耐力素质的分类

根据不同的工作特征，疲劳可分为：智力上的疲劳、感觉方面的疲劳、感情上的疲劳及体力上的疲劳等。在运动训练过程中较有意义的是由于身体活动和肌肉活动而引起的体力上的疲劳。体力上的疲劳是训练后的必然结果，没有疲劳就没有训练。但由于疲劳又必然会使人体工作能力下降并限制机体工作的时间，因而疲劳又是训练的障碍，必须克服。受训者克服疲劳的能力，反映了他所具有的耐力水平。

三、耐力素质训练的主要手段及基本要求

（一）主要手段

1. 各种形式的长时间跑，例如，持续跑、变速跑、变换训练环境的越野跑、法特莱克跑、间歇跑等。

2. 长时间重复做某一非周期性运动，例如，防卫与控制对抗训练中经常做的各种不规则滑动、跑、出拳的练习等。

3. 多种长时间游戏及循环练习等。

（二）基本要求

1. 耐力训练应循序渐进

耐力训练应以一定的训练时间、距离和数量为起点，逐步增加时间、距离和数量，直至提高到接近“极限负荷”。

2. 注意呼吸

呼吸能力对耐力训练十分重要，呼吸的作用在于摄取发展耐力的必要氧气。机体摄取氧气是通过提高呼吸频率和加深呼吸深度实现的。在训练中应培养受训者加深呼吸深度供氧的能力，并注意培养受训者用鼻呼吸的能力，同时还应加强呼吸节奏与动作节奏协调一致的训练。呼吸节奏混乱，必定会导致节奏的破坏，使能量物质的消耗增加，不利于耐力水平的提高。

3. 无氧耐力训练应以有氧耐力为基础

无氧耐力的发展是建立在有氧耐力提高的基础之上的。这是因为通过有氧耐力训练，受训者心腔增大，每搏输出量提高，从而为无氧耐力的发展打下了坚实的基础。例如，一开始便是无氧耐力训练，那么心肌壁就会增厚，这样虽然心脏收缩能力强而有力，然而每搏输出量难以提高，从而影响到全身血液的供给，对今后发展不利。所以，在发展无氧耐力之前或同时，应进行有氧耐力训练。在具体训练过程中，则应根据各方面的情况对两者的比例进行科学、合理地安排。

4. 加强意志品质培养

耐力训练不仅是身体方面的训练，也是意志品质的培养过程。因此，在耐力训练中除了应注意提高受训者的练习兴趣外，还应注意培养刻苦耐劳、坚忍不拔的意志品质。

5. 对实战技术应严格要求，并适当控制体重

发展耐力素质应对技术提出严格要求，并对受训者体重进行适当控制。脂肪过多，就会增大肌肉内阻力，摄氧量相对也会因体重的增加而下降。体重过重，消耗的能量也必然增加，这都会影响耐力素质的发展。

第三节　柔韧素质及其训练

一、柔韧素质的概念

柔韧素质是指人体各环节运动幅度大小的机能能力。柔韧素质可影响肌肉工作的效果，影响对正确技术动作的掌握，同时也影响到对运动损伤的预防。柔韧素质训练的目的是为了提高跨过关节的肌肉、肌腱、韧带等软组织的伸展性。其伸展能力的提高主要是“力”的拉伸作用的结果。

二、柔韧素质的分类

柔韧素质训练的方法主要有两种，即主动性拉伸练习和被动性拉伸练习。这两种练习方法的特点，都是在“力”的拉伸作用下，有节奏地逐渐加大动作幅度，多次重复同一动作练习，使软组织逐渐地或持续地受到被拉长的刺激。

三、柔韧素质训练的技术动作

发展柔韧素质的技术动作很多，有包括徒手练习（包括肋木、木棒、实心球、跳绳、倒立架）在内的多种形式。为了论述方便，下面根据身体部位简单介绍一些发展柔韧素质的常用动作。

（一）肩部练习技术动作

肩部柔韧练习动作主要有压、拉、吊、转等几种方式。

1. 压肩

(1) 两人一组对面而立，腿站立，体前屈，两人两手扶对方肩上，挺胸低头（或抬头），身体上半部上下振动。训练者可帮助压肩，把肩拉开。练习时要求手臂伸直，肩放松。

(2) 体前屈，两手后面交叉握、翻腕，向上振动。要求两臂、两腿伸直，幅度由小到大。

2. 拉肩

背对肋木站立，两臂上举，两手握肋木，抬头挺胸向前拉肩。要求胸部前挺，肩放松，幅度由小到大。

3. 吊肩

肋木、单杠反吊悬垂。要求开始可吊起不动，然后加摆动作，肩放松拉开。

4. 转肩

(1) 低单杠悬垂，收腹举腿，两腿从两臂间穿地，落下成后悬垂，松一只手转体 360°成悬垂。然后换另一只手做。要求转动时肩由被动转动到主动转动，由逆时针到顺时针进行转动。

(2) 利用木棍、竹竿或绳子、橡皮带做转肩练习，随着灵活性提高，两手间握距逐步缩短，但要注意两臂同时转，不要先后转肩。要求肩放松，用主动练习和被动练习结合起来转肩。

（二）胸部练习技术动作

1. 仰卧背屈伸

可自己独立做，也可两人辅助练习，一人压腿，受训者只抬上体。要求主动抬上体，挺胸。

2. 虎伸腰

跪立，手臂前放于地上，胸向下压。要求主动伸臂，挺胸下压。

3. 贴墙背屈伸

面对墙站立，两臂上举扶墙，抬头挺胸压胸。要求尽量让胸贴墙，幅度由小到大。

（三）腰部练习技术动作

1. 甩腰

受训者做体前屈和体后屈的甩腰动作，要求幅度由小到大，充分伸展背和腹肌。

2. 仰卧成桥

仰卧开始，两手反掌于肩后撑垫挺起胸腹，两臂伸直顶肩，拉开肩成桥。也可由同伴帮助，逐步过渡到独立进行。随着训练水平提高，手和脚的距离逐步缩小。练习时要腿伸直，腹部上升，挺胸拉肩。

3. 体前屈

体前屈练习方法很多，这里介绍以下三种：

(1) 腿伸直并拢体前屈，两臂在两腿后抱拢，静止不动，停止一定时间。要求胸贴大腿。

（2）坐垫子上，两腿伸直，同伴助力扶背下压。还可将两腿垫高，加大难度。要求下压一定时间后，再停留一定时间抱腿。

（3）受训者面对肋木坐下，臂部与肋木间垫实心球，两臂向上伸直握肋木，教员在受训者背后半蹲，两手握受训者两足前摆。要求腿要直，不能对抗用力。

（四）腿部练习技术动作

腿部柔韧训练，主要发展腿部前、侧、后的各组肌群伸展和迅速收缩的能力，以及髋关节的灵活性。腿部柔韧训练主要采用压、开、踢、控和劈腿等动作方式。

1. 压腿

分正压、侧压和后压三个方向，将腿放一定高度进行练习。要求正压时髋正对腿部，侧压和后压将髋展开。

2. 开腿

分正、侧、后三个方向，可由同伴把腿举起加助力按。要求肌肉放松，不要主动对抗用力。

3. 踢腿

可扶肋木踢，也可进行中踢。常用踢腿方法有正、侧、后踢腿，还可采用两腿分别向异侧45°方向踢出的十字踢腿。要求上体正直，踢腿时腿要伸直。

4. 控腿

（1）前控腿，有两种方法，一种是直腿抬起的向前控腿，另一种是膝盖先抬起然后再伸直控腿。

（2）侧控腿，要求上体正直，抬起的腿，髋关节必须展开，脚掌对准体侧，臀部不能向后突。

（3）后控腿，要求上体正直，后举腿的髋关节不能外旋，脚掌向上。

5. 劈叉

前后劈腿，同伴帮助压后大腿根部。左、右劈腿时应将两脚垫高，自己下压或由同伴扶髋关节下压。

（五）踝关节和足背练习技术动作

增强踝关节的柔韧性，可以提高弹跳力，因为小腿腓肠肌和比目肌的韧带拉长后，再收缩就更有力量。足背的柔韧性好，不但可以增加肌肉收缩力量，而且可以使动作姿势更加优美。

1. 练习者手扶肋木，用前脚掌站在凳子边上，利用体重上下压动，然后在踝关节弯曲角度最大时，停留片刻，以拉长肌肉和韧带。

2. 练习者跪坐在垫上，利用体重前后移动压足背，也可以将足尖部垫高，使足背悬空，做下压动作，这样强度更大一些。

第四节　速度素质及其训练

一、速度素质的概念

速度素质是指人体快速运动的能力。速度素质是人体进行快速运动的能力，即在单位时间内完成某一动作或通过某一距离的能力，是人们生活和体育运动的一项很重要的身体素质。速度素质在警察体能中尤为重要。通过训练达到发展和提高人体对外界刺激的快速应急能力，快速完成某一动作的能力和人体快速移动的能力。

二、速度素质的分类

速度素质分为反应速度、动作速度和移动速度。反应速度是指人体对各种信号刺激快速应答的能力。动作速度是人体快速完成某一动作的能力。移动速度是指在周期性运动中，在单位时间内人体快速位移的能力。

三、速度素质训练的基本要求

（一）必须与其他身体素质结合训练。

（二）必须与擒拿展示相结合，侧重专项素质的练习。

（三）科学合理安排运动量、强度和密度，注意放松。

（四）逐步完善速度练习的技术，提高专项速度练习的质量。

（五）注意力集中，坚持不懈，持之以恒。

四、速度素质的练习方法

（一）反应速度的练习方法

1. 信号练习，利用突然发出的信号提高警务人员对信号作出反应的能力，例如，亮靶出腿或听到哨声快跑等。

2. 运用运动感觉练习，例如，目光盯对方头部、肩部，余光盯对方身体其他部位，依靠运动感觉、经验判断对方出拳，来进行防御反击的反应速度等练习。

3. 移动目标练习，例如，快速出拳，快速躲闪，身体快速做某一反应动作等。

（二）动作速度的练习方法

1. 利用外界助力、阻力、信号刺激提高运动速度，例如，快速出拳练习，看到信号后快速做某动作；例如，打沙包练习，快速奔跑练习，快速闪身练习，上下坡跑，负重高抬腿练习和反应力动作练习等。

2. 利用器械提高动作速度，利用跑步机练习跑步速度，利用速度球练习出拳速度，用皮条练习出、收腿速度等。

（三）移动速度的练习方法

1. 提高受训者力量，发展速度力量的练习。例如，多做单足跳、跳绳、负重屈伸、仰卧挺身、卧推、下蹲蛙跳、肩负杠铃跳等超等长的力量练习。

2. 重复跑的练习。重复跑是提高移动速度最主要的训练手段，一般采用 30 米、50 米、100 米和 200 米进行短跑练习；800 米、1 500 米和 3 000 米进行中长距离跑练习。

3. 快速移动练习。瞬间快速短距离移动的练习是警察体能专项训练的主要方法，例如，快速前进、后退练习、变换步练习、左右闪步练习、前后躲闪练习、摇摆、下潜练习、攻击步练习、交叉步练习等方法。

一周中，训练速度的课宜安排在休息日后的第一天，以及有氧性质负荷课的后一天，不宜安排在速度耐力课之后。

第五节 灵敏素质及其训练

一、灵敏素质的概念

灵敏素质是指在各种突然变换的条件下，受训者能够迅速、准确、协调地改变身体运动的空间位置和运动方向，以适应变化着的外环境的能力。

衡量灵敏素质的标志是受训者在各种复杂变换的条件下能够迅速、准确、协调地做出应答动作。这就要求受训者必须具有良好的判断能力及反应速度，要求受训者随机完成的应答动作在空间、时间以及用力特征上相互吻合，组配协调。

二、灵敏素质的分类

灵敏素质可分为一般灵敏素质和专门灵敏素质两类。一般灵敏素质是指在完成各种复杂动作时所表现出来的适应变化着的外环境的能力。专门灵敏素质是指根据各专项所需要的，与专项技术有密切关系的，以及适应变化着的外环境的能力。

三、灵敏素质的训练方法

发展灵敏素质主要采用变换训练法。训练强度一般较大，速度较快。练习次数不宜过多，训练时间不宜过长，因为机体疲劳力量就会下降，速度变慢，反应迟钝，不利于灵敏素质的发展。每次练习之间应有足够的休息时间，以保障氧气的补充和肌肉中高能物质的再合成。但休息时间过长，又会使神经系统的兴奋性下降，一般练习时间与休息时间可为1∶3。

评定灵敏素质的方法很多，例如，立卧撑测试、滑步倒跑测验、十字变向跑及综合性障碍等。

训练方法如下：

（一）让受训者在跑、跳当中迅速、准确、协调地做出各种动作，例如，快速改变方向的各种跑、各种躲闪和突然起动的练习，各种快速急停和迅速转体的练习等。

（二）各种调整身体方位的练习，例如，利用对抗训练器械做各种较复杂的动作等。

（三）专门设计的各种复杂多变的练习，例如，立卧撑、十字变向跑及综合变向跑等。

（四）各种改变方向的追逐性游戏和对各种复杂信号做出迅速反应的游戏等。

四、灵敏训练的基本要求

灵敏训练一般安排在训练课的前半部分受训者体力充沛、精神饱满时进行。在进行灵敏训练时，训练者应采用各种手段，消除受训者的恐惧心理或紧张状态，以保证训练取得良好的效果。

第五章　防卫与控制训练受伤与预防

学习内容： 本章节主要学习如何预防在防卫与控制训练中受伤，因为训练中常常有受伤情况发生，而训练受伤的因素包括思想不重视，自身的身体素质低，准备活动不充分，技术水平不高，心理状态不稳定，训练任务重、目标高，训练条件不足，不能因材施教和训练环境条件差等九个方面。因此，我们从思想上充分重视、提高身体素质和训练水平、要遵守教学与训练的原则、准备活动要科学合理、加强医务监督和加强经费投入六方面进行防卫与控制训练的受伤预防，并且在训练中要严格按照训练要求进行。

学习要求： 了解防卫与控制训练中受伤的多种因素，知道如何采取预防措施。

第一节　防卫与控制训练中受伤的因素

运动损伤在不同的技术技能训练中都会发生，这些损伤有一些共同原因，例如，身体素质及动作协调性差、热身不充分、训练注意力不集中等，但是不同的技能训练会有不同的运动损伤的原因。防卫与控制训练损伤方面不同于其他项目，作为警察院校开设的职业技能必修课，教学内容多数为紧张、激烈的徒手防卫与突袭动作，涉及控制关节、击打要害部位，教学中受训者身体活动频繁，对抗性强，容易加大受伤率。

总结多年的训练经验和资料收集，发现在防卫与控制训练过程中受伤因素有以下几方面。

一、思想不重视

防卫与控制训练受伤首要因素是思想不重视，这个因素的形成主要有两方面的原因。一方面是训练者对训练不重视，反映在责任心不强、教授水平有限、讲课不清楚、不了解训练对象的身体和心理情况、训练运动强度随意度过大、对认识受伤的危害性不足或其他原因。另一方面是受训者自身对训练的重要性不重视。

二、自身的身体素质低

在训练中，身体素质达不到训练要求是训练受伤的主要原因。当身体机能不能满足专项运动技能的要求时，强行去完成一些难度较高的踢击动作或爆发力大的动作，则极易发生扭伤、挫伤及各关节韧带的撕裂伤，严重时还可能造成肌肉韧带的断裂。例如，柔韧性不好的受训者，练习对柔韧性要求较高的腿法和摔法，容易发生关节韧带损伤。

三、准备活动不充分

在训练前，不重视做准备活动，或准备活动做得不充分、不正确、不科学，是引起防卫与控制受训者受伤的重要原因。准备活动不充分，肌肉、内脏、神经系统机能不兴奋，肌肉供血量不足，在这样的身体状态下进行活动，动作僵硬、不协调，极易造成损伤。

四、技术水平不高

普通受训者在接触警察防卫与控制这门课程之前，多数没有接触过散打、跆拳道等专业训练。这种没有防卫与控制技术的基础或训练水平不够的情况，造成受训者没有形成准确的攻击距离感和防守意识。如果立即投入防卫与控制技术训练，容易造成脚趾、踝关节、膝关节的扭伤，也容易造成上、下肢体的挫伤。实战对抗中，实力差的一方落后挨打且抗击能力较差，容易出现擦伤、挫伤等损伤；自我保护能力较弱，主动倒地或被动倒地，容易造成挫伤、扭伤等损伤。

五、心理状态不稳定

防卫与控制技术训练要求实战性，由于受训者在接触警察防卫与控制技术训练之前，没有经历过实战比赛和汇报表演，在较为正规的比赛和大型的汇报表演中，心理状态不良容易出现紧张、胆怯心理，造成攻防动作或倒地动作变形，从而引起运动损伤的发生。

六、训练任务重、目标高

与一般高校相比，公安院校特有的警察防卫与控制课程所涉及的内容比一般高校的体育课要多，受训者不仅要从事体能训练，还要学习警用搏击、查缉战术、射击技术等，同时，防卫与控制训练的目标高，在教学训练过程中要突出技术动作的实用性和有效制敌的特性，具有较高的难度和危险性。这就使受训者的训练任务既繁重又充满危险性，目标高又存在难度，使受训者在训练中受伤的可能性及严重程度提高。

七、训练条件不足

公安院校的受训者相比于体育学校的受训者，没有接触过系统的训练理论和运动康复保健知识，导致体育训练知识、运动医学知识缺乏。除少数公安院校有能力为受训者提供优良的训练设施外，大多数公安院校训练设施匮乏、陈旧，甚至缺少部分训练相应的训练设施，已经不能满足受训者平时训练的需要。训练设施的匮乏、训练场地的落后在很大可能上会导致受训者在训练时因客观原因受伤。所以，学校要有足够的训练经费投入，充分保障防卫与控制教学训练场地、设施需求，废旧器材及时更换。使用场地、器材的管理与维护，应以满足教学训练需要和保护受训者安全为目的。

八、不能因材施教

除了外在因素上技术方面的错误会导致损伤外，训练者所组织实施的训练不能因材施教也是发生损伤的常见原因。一个班级 40 名受训者，如果都是新生，招生过程中能够严格把关，保证受训者有良好的身体素质和心理素质基础并基本在同一水平上，那么训练中出现受伤的概率就不会高。如果是在职民警或是二学位、招录试点班的培训或教学中，受训者因为年龄大、身体素质差异大或警务技能水平参差不齐，不采取因材施教，很容易出现防卫与控制训练中受伤的情况。

九、训练环境条件差

自然环境中温度、湿度不宜和人工环境中场地设备不良也是发生损伤的主要原因。有条件的公安院校防卫与控制训练设置在训练馆里进行，而更多的受训者在露天的操场中进行踢、打、摔、拿、抓捕等对抗性的训练。特别在冬天和夏天里，寒冷和酷热也容易导致受训者的受伤率上升，所以，训练者应充分考虑季节气候变化和天气因素，从而有利于受训者运动生理条件和运动心理条件的适应。

第二节　防卫与控制训练受伤的预防

如何预防防卫与控制训练的受伤，降低受伤率，值得我们去探讨和学习。加强对训练受伤的预防知识的学习，对增强受训者的安全意识，正确预防与处理训练受伤，具有现实意义。

一、思想上充分重视

无论是训练者还是受训者都应该在思想上认识到防卫与控制训练受伤的危险性与危害性，了解和学习受伤的诸多因素，两者都要端正态度，增强安全意识。训练者严格地科学训练，认真完成教学训练目标；受训者刻苦训练，在合理的安排下调整自己的生理心理状态，重视安全问题，培养自我保护意识。

二、提高身体素质和训练水平

提高身体素质，促进身体健康，提高各器官系统的机能水平，有必要进行专项素质训练。

如果训练水平过低，对身体素质训练缺乏重视，力量、耐力、灵敏等素质相对不足，技术动作过程掌握不好，很容易导致受训者因为技术动作失误而致伤。训练缺乏科学性也是产生损伤的一个重要原因，主要表现为专项训练安排过多，运动量、强度、密度过大，局部负担量过重。因此，提高身体素质和训练水平能够增强训练的科学性，预防训练受伤。

三、要遵守教学与训练的原则

对于训练者来说，要合理安排训练内容，有的放矢进行教学，遵守教学与训练的原则。在教学与训练的每一个环节上都要采取切实有效的措施加以防范，真正把防止运动损伤的发生落到实处，最大限度地减少或避免损伤。训练过程中，针对技术特点加强易伤部位的训练，是积极预防运动损伤的一种有效手段。例如，利用业余时间加强易伤部位和相对薄弱部位的素质训练，提高相关部位周围肌肉和韧带力量。根据个体训练水平和身体条件，采用因材施教原则，合理安排训练内容，同时关注受训者的身体和心理的反馈信息，及时调整训练内容或训练方法和手段。

四、准备活动要科学合理

准备活动是进行训练前必不可少的一个步骤。为受训者组织科学合理的准备活动，能使他们的关节、肌肉充分活动开，从而大大减少他们在训练中受伤的可能性与受伤程度。此外，对训练中负担较大和易受伤的部位要特别做好准备活动。准备活动结束与训练开始之间的间歇不要太长，掌握在5～10分钟内最佳。间歇时间过长或改练其他部位时，应补做专项准备活动。

五、加强医务监督

加强医务监督能够对训练参加者的健康和机能进行监护，预防锻炼中各种有害因素可能对身体造成的危害，督导和协助科学的锻炼和训练，使之符合人体生理和机能发展规律。对于公安院校受训者的防卫与控制训练课，加强医务监督十分必要，它能够及早发现隐患，并在出现情况的时候及时采取措施。

六、加强经费投入

既然防卫与控制训练受伤与外在的训练条件和环境条件有关，那么，学校要引起一定程度的重视，只有足够的训练经费投入，才能充分保障防卫与控制教学训练场地、设施需求，使废旧器材得到及时更换，一切应以满足教学训练需要和保护受训者安全为目的。

第三节　防卫与控制对抗训练的要求

一、防卫与控制对抗训练的安全意识培养

在攻防训练中，保证自己和他人的安全是首要的，一定要树立“抓训练就是抓安全”的观念，训练是“不流血的战斗”。抓好训练中安全工作，说到底是为了更好的训练。训练中安全问题不断、事故频发，训练就无法得到保证。随意降低训练标准、消极而保安全是不对的；在训练中忽视安全、疏于防范或规章制度不落实、违章操作、盲目蛮干同样也是错误的。实践表明，训练与安全是辩证统一的，训练质量越高，安全工作就越有保障；安全工作做好了，才能为扎实有效地进行训练创造条件。

二、防卫与控制对抗训练要定时定量

练习好攻防对抗离不开大量的训练。但是训练时间过长，运动量过大，远远地超过身体的承受力，就会产生诸多不利的后果；训练时间过短，训练量过小，起到的效果就会大打折扣。因此，形成训练定时定量的思维是十分重要的。

三、防卫与控制对抗训练是由简到繁

在训练教学中，训练者应从最基本的动作教起，循序渐进，使受训者先掌握最基本的攻防动作，再进一步学习较高难度的动作。这样做一是能使受训者树立起信心，对训练充满动力，二是能使受训者在学习这门课程中打下良好的基础，符合一般教学规律，能使受训者更好地掌握这门技术技能。

四、防卫与控制对抗训练是由规定到随意

在当前的防卫与控制课程训练中，动作是基本功。在初始教学中，让受训者对每一个动作精确地掌握，能使受训者形成规范化的控制套路，并能使他们因动作不规范而受伤的可能性大大降低。但在受训者能够熟练而又精确地掌握动作时，应让他们在规范掌握动作的基础上自由发挥，来应对不断变化的情况，切不可死板。

第六章　使用防卫与控制的法律依据

学习内容：本章节主要学习执法活动中，警察在控制现场时，如何最大限度地保障警察执法安全，依托法律依据，规范执法行为，依法、合理、安全有效地使用防卫与控制技术技能。主要内容包括执法规范意识的培养、使用强制行为的法律依据、使用警械和武器的法律依据三方面。

学习要求：掌握使用强制行为、使用警械和武器的有关法律依据。

第一节　执法规范意识的培养

公安民警严格、公正、文明地执行职务，是我们党“依法治国”方略和“执法为民”理念在公安执法领域的具体体现和根本要求，维护法律权威是公安机关和人民警察的职责和义务。在人民群众眼里，执法者在很大程度上体现了法律的形象和权威。树立包括公安机关在内的执法部门的公信力是维护法律权威的必然要求。法律的权威不仅在于立法中体现了人民的意志，而且在于执法的严格公正。否则，再好的法律也难以彰显其权威性，难以发挥法律在规范人们行为、规范社会秩序和促进国家长治久安的作用。

严格执法，就是强调公安民警严格依法执行警务，做到“有法必依、执法必严、违法必究”。我们应当充分认识到，所谓严格执法，在公安机关，一是要明确职权法定，公安机关及民警必须在法律规定的权限内履行职责，不能越位和错位；二是权力和责任相统一，公安机关及民警必须对行使法定权利的过程和后果承担责任；三是接受监督，公安机关及民警必须将执法行为置于法律和人民严格的制约和监督之下，其违法行为也将毫无例外地依法受到追究和惩罚。

公正执法，是社会主义法治理念的重要组成部分，是公安执法的生命线。在全社会实现公平和公正，是依法治国的重要标志，也是构建社会主义和谐社会的重要任务。公安机关和人民警察要自觉坚持“法律面前人人平等”的原则，平等对待当事人，公正处理案件，反对特权，禁止歧视，既要做到实体公正，也要做到程序公正。

文明执法，是社会主义道德规范对公安工作的要求，也是执法为民的本质要求和外在体现。执法是一种社会管理活动，应体现社会主义民主政治和精神文明的基本要求。作为执法者，公安民警应高度重视自身形象，注重修养，心态平和，举止文明，说话和气，防止语言粗鲁，态度粗暴。

执法规范主要体现在以下三个方面。

一、法律程序要规范

公安民警执法必须严格按照法律规定的程序进行。执行勤务中，强调并落实法律程序规范，有利于公安民警合法行使职权，有利于人权保障，可以确保执法质量，提高执法效率，同时也能够使公安民警的执法得到切实可行的有效监督。

公安民警要有清醒的认识，越是执法环境不好，越是要坚持法律程序规范。不管当前的情况多么复杂，都不可减免法律程序，更不得违反法律程序办事。比如，至少要有两名以上公安民警共同执勤；须先报身份同时出示相应证件，然后再对他人进行查处；依法对不配合、不服从的执法对象发出警告，经警告无效再采取治安处罚或刑事强制措施；查出了凶器或罪证，才可以给当事人上铐；发现了暴力倾向或苗头，才可以出枪械对现场进行武力控制；搜查或检查妇女的身体，必须由女民警进行；留置被盘问人的时间不得超过二十四小时，经县级以上公安机关批准，最多可以延长至四十八小时等。

法律程序规范，公安民警执法就无懈可击；而法律程序不规范，公安民警依法执行警务也会遭到非议，面对处置对象的百般狡赖、恶意诽谤，警方将陷入被动。若因此而激化了社会矛盾，引发了群体性事件，则后果将不堪设想。对此，公安民警必须要予以高度重视。

二、行动程序要规范

虽然警情纷纭莫测，但公安民警处置行动的程序却有一定之规。抓住主线，执行警务按照基本程序循序渐进，既安全又便利，是符合勤务规范要求的（超常规处置属于高级训练科目，本教材不作阐述）。

例如，执行一般的盘查警务，规范的程序应当是：告知（敬礼、亮民警身份、说明理由）→盘问（确定对方身份）→检查（人身、物品）→结果处理（礼貌放行或带回继续盘问）。如果公安民警先做人身检查，再问对方身份，或者盘查过后，才行告知，就是程序不规范。再如，执行一般的人身检查，规范的程序应当是：告知（说明理由或法律依据）→检查（人体各部位）→上铐（搜出了凶器或罪证）。同理，公安民警先使用警械约束，再搜身，或者人身搜查完毕（尤其是没有搜出结果）后才告知，也是程序不规范。

处警行动程序不规范，有时也会给警方造成不必要的伤害。比如，民警查控嫌疑车辆，当车尚未停稳，车内情况还不掌握时，就贸然接近，那么，公安民警就难免遭受被袭击的危险。

三、执法行为要规范

（一）语言要规范

语言规范可以增强警务实战效果。所以在警务实战中，无论是告知语言、盘问语言还是报告语言、联络语言，公安民警都应努力做到使用规范。公安民警说话文明礼貌、言简意赅、清晰明了、真实可靠，提问具有针对性，回答具有说服力，执行警务就事半功倍；而公安民警语言不规范，导致对方听不懂、听不清、听着不舒服，甚至误解、误会，都可能产生不良后果，不符合实战要求。

（二）动作要规范

要求动作规范，并不以动作整齐、好看为标准，而强调的是实用、有效。在警务实战中，公安民警不管做什么动作，都必须要干净、利落，示意要清楚、准确；发力要及时、到位。敬礼、礼毕、截停、放行等动作虽然简单，却和公安民警的形象密切相连，做得规范，可令人对执法者肃然起敬，对执法活动理解、认可，进而支持、配合。一些警务技能和战术基础动作直接关系到民警的安全、处置的效果，比如，由于动作不规范而导致民警解脱不了、摔不倒、控制不住对方，进退移动、窥视切角、隐蔽做得不好等，很可能会给自身带来危险，所以，要求规范就更具现实意义了。另外，公安民警在执行警务中不要有错误动作和多余动作，比如，截停的手一直举着，见谁都把手压在枪套或枪柄上，情况还没有弄清楚，就先躲到掩体后等，错误动作和多余动作也属于不规范。

（三）使用警械要规范

在警务实战中，公安民警虽然经常要动用警械，但却有很多人只是对使用警械的法定条件比较熟悉，而对使用警械要规范的问题并不在意。所以，使用警械不规范的事情时有发生。使用警械不规范主要反映在两个方面：一是佩戴方式和持械姿势随心所欲，松松垮垮，不符合规定标准；二是运用警械的尺度把握不准，因而往往会给对方造成不同程度的人身伤害。比如，使用砸铐或过度收紧手铐，警绳捆绑时间过长或对颈部、手指捆绑的过紧过死，警棍击打在人体的要害部位上等。一引起类似事件会造成不良的社会影响，会有损于公安机关和公安民警的形象。

（四）使用武器要规范

公安民警只要不当用枪，各种非议便纷至沓来，这其中就有使用武器不规范的问题。基层和一线的一些民警对使用武器的法定条件了如指掌，但对武器控制、武器戒备甚至武器基本操作的规范却知之甚少。公安民警是要有随时出枪和果断击发的意识，但不论什么场合都随意出枪，出枪后枪口乱点乱指，迟迟不打开保险，子弹不上膛，手指总要扣在扳机上等，就很不规范。这种不规范本身也是一种隐患，足以对民警自己或他人的安全构成致命威胁。此外，在执行警务中，这种不规范还可能会给一些人带来不必要的心理压力，反而为他人留下指责警方的把柄或成为不配合警方执法的口实。

至于佩枪、持枪、验枪、收枪以及装退子弹、枪支的分解与结合、枪支的管理与保养等，也都要执行统一的标准。凡是不规范的做法，都应在警务实战训练中加以纠正。

第二节　使用强制行为的法律依据

一、《中华人民共共和国人民警察法》的有关规定

公安机关的人民警察对违反治安管理或者其他公安机关行政管理法律、法规的个人或者组织，依法可以实施行政强制措施、行政处罚。

（一）《中华人民共和国人民警察法》第十二条规定

为侦查犯罪活动的需要，公安机关的人民警察可以依法执行拘留、搜查、逮捕或者其他强制措施。

为维护社会治安秩序，制止和打击犯罪，依法实施强制行为是国家法律赋予公安机关和人民警察的权力。就强制行为而言，是指公安机关人民警察对有违法犯罪嫌疑的人员的人身、行为和财产采取的控制或限制措施。

关于对人身、行为的强制行为，其目的主要是对身体活动的一种限制，如约束、拘留及强行带离等。关于对财产的强制行为，其目的主要是为了获取相关案件信息或作为案件证据收集。如身份证的查验、物品的扣押及对嫌疑人车辆的检查等。一般常用的强制行为有以下四种：

1. 约束

依据《中华人民共和国治安管理处罚法》第十五条第二款的规定："醉酒的人在醉酒状态中，对本人有危险或者他人的人身、财产或者公共安全有威胁的，应当对其采取保护性措施约束至醒。"《公安机关办理行政案件程序规定》第三十七条中亦规定了对行为举止失控的醉酒人，可以使用约束带或者警绳等进行约束，但是不得使用手铐、脚镣等警械。依据《中华人民共和国人民警察法》第十二条规定："公安机关的人民警察对严重危害公共安全或者他人人身安全的精神病人，可以采取保护性约束措施。"

2. 拘留

依据《中华人民共和国刑事诉讼法》第八十条规定，公安机关对于现行犯或者重大嫌疑分子，可以先行拘留。依据《中华人民共和国人民警察法》第十七条第二款规定，公安机关的人民警察在强行驱散时，可以对拒不服从的人员强行带离现场或者立即予以拘留。

3. 强制驱散、强行带离现场

依据《中华人民共和国人民警察法》第八条规定："公安机关的人民警察对严重危害社会治安秩序或者威胁公共安全的人员，可以强行带离现场，依法予以拘留或者采取法律规定的其他措施。"第十七条规定："县级以上人民政府公安机关，经上级公安机关和同级人民政府批准，对严重危害社会治安秩序的突发事件，可以根据情况实行现场管制。公安机关的人民警察依照前款规定，可以采取必要手段强行驱散，并对拒不服从的人员强行带离现场或者立即予以拘留。"

4. 盘查

盘查是指公安机关人民警察在执行职务过程中，依法对可能具有违法或犯罪行为的嫌疑人进行盘问和检查的活动。通常，盘查活动包括对嫌疑人的盘问，对盘查对象的证件检查、人身检查和相关物品检查。

（二）《中华人民共和国人民警察法》第九条规定

为维护社会治安秩序，公安机关人民警察对有违法犯罪嫌疑的人员，经出示相应证件，可以当场盘问，检查；经盘问、检查有下列情形之一的，可以将其带至公安机关，经公安机关批准，对其继续盘问。即：被指控有犯罪行为的；有现场作案嫌疑的；有现场作案嫌疑身份不明的；携带的物品有可能是赃物的。对被盘问人的留置时间自带至公安机关之时起不超过二十四小时，在特殊情况下，经县级以上公安机关批准，可以延长至四十八小时，并应当留有盘问记录。对于批准继续盘问的，应当立即通知其家属或者其所在单位。对于不批准继续盘问的，应当立即释放被盘问人。公安部在《公安机关适用继续盘问规定》中作了更为细致的规定。例如，就时限问题，第十一条规定："继续盘问的时限一般为十二小时；对在十二小时以内确实难以证实或者排除其违法犯罪嫌疑的，可以延长至二十四小时；对不讲真实姓名、住址、身份，且在二十四小时之内仍不能证实或者排除其违法犯罪嫌疑的，可以延长至四十八小时。"

二、《城市人民警察巡逻规定》第五条中规定

人民警察在巡逻执勤中可以依法盘查有违法犯罪嫌疑的人员，检查涉嫌车辆、物品，查验居民身份证等。关于居民身份证查验在《中华人民共和国居民身份证法》中也有了明确的规定。《中华人民共和国居民身份证法》第十五条规定："人民警察依法执行职务，遇有下列情形之一的，经出示执法证件，可以查验居民身份证。

（一）对有违法犯罪嫌疑的人员，需要查明身份证的。

（二）依法实施现场管制时，需要查明有关人员身份的。

（三）发生严重危害社会治安突发事件时，需要查明现场有关人员身份的。

（四）法律规定需要查明身份的其他情形。

有前款所列情形之一，拒绝人民警察查验居民身份证的，依照有关法律规定，区分不同情形，采取措施予以处理，任何组织或者个人不得扣押居民身份证。但是，公安机关依照《中华人民共和国刑事诉讼法》执行监视居住强制措施的情形除外。"

三、《中华人民共和国治安管理处罚法》有关规定

《中华人民共和国治安管理处罚法》第八十七条规定："公安机关对与违反治安管理行为有关的场所、物品、人身可以进行检查；对确有必要立即进行检查时，人民警察出示工作证件，可以当场检查；""检查妇女的身体，应当由女性工作人员进行。再者，对有吸毒嫌疑的人，公安机关可以对其进行人体毒品成分检测；对有酒后驾驶机动车辆嫌疑人，公安交通人民警察可以对其进行酒精度检测。"

《中华人民共和国治安管理处罚法》第八十九条的规定："公安机关处理治安案件，对与案件有关的需要作为证据的物品，可以扣押。"

四、《中华人民共和国刑事诉讼法》有关规定

《中华人民共和国刑事诉讼法》第一百零九条规定："为了收集犯罪证据、查获犯罪人，侦查人员可以对犯罪嫌疑以及可能隐藏案犯或者犯罪证据的人的身体、物品、住处和其他有关的地方进行搜查。"

《中华人民共和国刑事诉讼法》第一百一十一条规定："进行搜查，必须向被搜查人出示搜查证。在执行逮捕、拘留的时候，遇有紧急情况，不另用搜查证也可以进行搜查。"

《中华人民共和国刑事诉讼法》第一百一十二条规定："搜查妇女的身体，应当由女性工作人员进行。"

第三节　使用警械和武器的法律依据

一、《中华人民共和国人民警察法》有关规定

《中华人民共和国人民警察法》第十条规定："遇有拒捕、暴乱、越狱、抢夺枪支或者其他暴力行为的紧急情况，公安机关的人民警察依照国家有关规定可以使用武器。"

《中华人民共和国人民警察法》第十一条规定："为制止严重违法犯罪活动的需要，公安机关的人民警察依照国家有关规定可以使用警械。"

二、《中华人民共和国人民警察使用警械和武器条例》有关规定

《中华人民共和国人民警察使用警械和武器条例》（以下简称《条例》）第二条规定："人民警察制止违法犯罪行为，可以采取强制手段；根据需要，可以依照本条例的规定使用警械；当使用警械不能制止，或者不使用武器制止，可能发生严重后果时，可以依据本条例使用武器。"

关于警械和武器的使用原则，《条例》第四条明确规定："人民警察使用警械和武器，应当以制止违法犯罪行为，尽量减少人员伤亡、财产损失为原则。"

《条例》第五条还规定："人民警察不得违反本条例的规定使用警械和武器"。

关于对无关人员的警告，《条例》第六条规定："人民警察使用警械和武器，应当命令在场无关人员躲避；在场无关人员应当服从人民警察的命令，避免受到伤害或者其他损失。"

关于警械使用的法定条件，《条例》第七条规定："人民警察遇有下列情况之一，经警告无效的，可以使用警棍、催泪弹、高压水枪、特种防暴枪等驱逐性、制服性警械。"即：

1. 结伙斗殴、殴打他人、寻衅滋事、侮辱妇女或者进行其他流氓活动。
2. 聚众扰乱车站、码头、民用航空站、运动场等公共场所秩序。
3. 非法举行集会、游行、示威的。
4. 强行冲越人民警察为履行职责设置的警戒线的。
5. 以暴力方法抗拒或者阻碍人民警察依法履行职责的。
6. 袭击人民警察的。
7. 危害公共安全社会秩序和公民人身安全的其他行为，需要当场制止的。
8. 法律、行政法规规定可以使用警械的其他情形。

《条例》同时明确规定："人民警察依照前款规定使用警械，应当以制止违法犯罪行为为限度；当违法犯罪行为得到制止时，应当立即停止使用。"

《条例》第八条规定："人民警察依法执行下列任务，遇有违法犯罪分子可能逃脱、行凶、自杀、自伤或者有其他危险行为的，可以使用手铐、脚镣、警绳等约束性警械。"即：

1. 抓获违法犯罪分子或者犯罪重大嫌疑人的。
2. 执行逮捕、拘留、看押、押解、讯问、拘传、强制传唤的。
3. 法律、行政法规规定可以使用警械的其他情形。

《条例》同时明确规定："人民警察依照前款规定使用警械，不得故意造成人身伤害。"

关于武器的使用的法定条件，《条例》第九条规定：“人民警察判明有下列暴力犯罪行为的紧急情形之一，经警告无效的，可以使用武器。”即：

1. 放火、决水、爆炸等严重危害公共安全。

2. 劫持航空器、船舰、火车、机动车或者驾驶车、船等机动交通工具，故意危害公共安全。

3. 抢夺、抢劫枪支弹药、爆炸、剧毒等危险物品，严重危害公共安全。

4. 使用枪支、爆炸、剧毒等危险物品实施犯罪或者使用枪支、爆炸、剧毒等危险物品相威胁实施犯罪的。

5. 破坏军事、通信、交通、能源、防险等重要设施，足以对公共安全造成严重、紧迫危险的。

6. 实施凶杀、劫持人质等暴力行为，危及公民生命安全的。

7. 国家规定的警卫、守卫、警戒的对象和目标受到暴力袭击、破坏或者受到暴力袭击、破坏的紧急危险的。

8. 结伙抢劫或者持械抢劫公私财物的。

9. 聚众械斗、暴乱等严重破坏社会治安秩序，用其他方法不能制止的。

10 以暴力方法抗拒或者阻碍人民警察依法履行职责或者暴力袭击人民警察，危及人民警察生命安全的。

11. 在押犯人、罪犯聚众骚乱、暴乱、行凶或者逃脱的。

12. 劫夺在押犯人、案犯的。

13. 实施放火、决水、爆炸、凶杀、抢劫或者其他严重暴力犯罪行为后拒捕者、逃跑者。

14. 犯罪分子携带枪支、爆炸、剧毒等危险物品拒捕、逃跑的。

15. 法律、行政法规规定可以使用武器的其他情形。

《条例》同时明确规定：“人民警察依照前款规定使用武器，来不及警告或者警告后可能导致更为严重后果的，可以直接使用武器。”

依据《条例》第十条规定：“人民警察遇有下列情形之一的，不得使用武器。”即：

1. 发现实施犯罪的人为怀孕妇女、儿童的，但是使用枪支、爆炸、剧毒等危险物品实施犯罪的除外。

2. 犯罪分子处于群众聚集的场所或者存放大量易燃、易爆、剧毒、放射性等危险物品的场所，但是不使用武器予以制止，将发生更为严重危害后果的除外。

依据《条例》第十一条规定，“人民警察遇有下列情形之一的，应当立即停止使用武器。”即：

1. 犯罪分子停止实施犯罪，服从人民警察命令的。

2. 犯罪分子失去继续实施犯罪能力的。

依据《条例》第十二条规定：“人民警察使用武器造成犯罪分子或者无辜人员伤亡的，应当及时抢救受伤人员，保护现场，并及时向当地公安机关或者人民警察所属机关报告。”

第二部分

徒手防卫与控制

第七章　防卫与控制基础训练

学习内容： 本章节主要学习防卫与控制的基本技术，包括基本姿势、基本手型、基本腿功、步法移动技术、倒地护身技术和滚翻护身技术几大部分。

学习要求： 掌握倒地和滚翻技术，并能熟练完成。

案例回放： 2014 年 3 月 18 日，资阳市某区公安分局接到群众报警，在某区菜市场有一伙专门偷盗摩托车的团伙。经过三个月的侦查，公安分局干警掌握了盗窃团伙的人数、时间和住宿等信息，发现三个犯罪嫌疑人是惯偷，有的还刚刑满释放，最后布置了周密的抓捕方案。6 月 20 日，抓捕行动开始，偷盗贼看见警察一出现，出现不同程度的反抗：跑的跑，扭打的扭打，虽然最后犯罪嫌疑人全部被抓获，但是，一名干警在追捕过程中不小心摔了一跤，牙被磕掉一颗，嘴也破了，其他无大碍。

案例评析： 滚翻倒地是防卫与控制的基础动作，也是自我保护的基本能力。如果摔倒干警的滚翻倒地技术过硬，相信他会化险为夷。

第一节　基本实战姿势

实战姿势是对敌格斗时的一种既有利于进攻、又有利于防守的站立姿势，即格斗时的实战姿势。姿势要求进攻快速准确，防守及时严密，移动灵活便捷。始终保持在攻防最佳距离、合理安全的位置。

两脚前后侧身站立略宽于肩，前脚尖稍内扣，后脚跟微离地，两膝微弯，身体重心在两腿之间。收腹敛臀，含胸拔背，两肩放松。双手握拳，前拳曲肘夹角大于 90 度，小臂微内扣，肘尖向下，拳心斜向下，拳与鼻尖同高，后拳置于颌下，肘尖向下，曲臂紧贴于体侧胸肋，下颌微收，闭嘴合齿，目视前方。左脚在前是左实战姿势，（见图 7—1）右脚在前是右实战姿势。

图 7—1

第二节　基本手型

一、拳

四指并拢曲卷握紧，拇指紧扣在食指和中指的第二指节上。（见图 7—2）

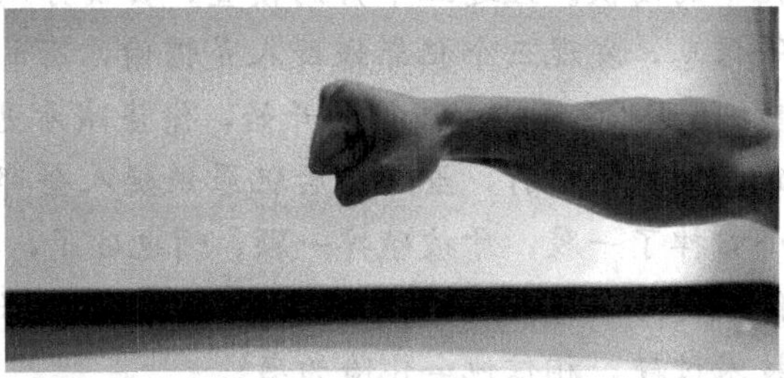

图 7—2

二、掌

四指并拢伸直，拇指曲，紧扣在食指虎口处。手掌与小臂约成直角。（见图 7—3）

图 7—3

三、刁手

腕关节屈，虎口向下张开，四指并拢向后伸直，大拇指伸直。（见图 7—4）

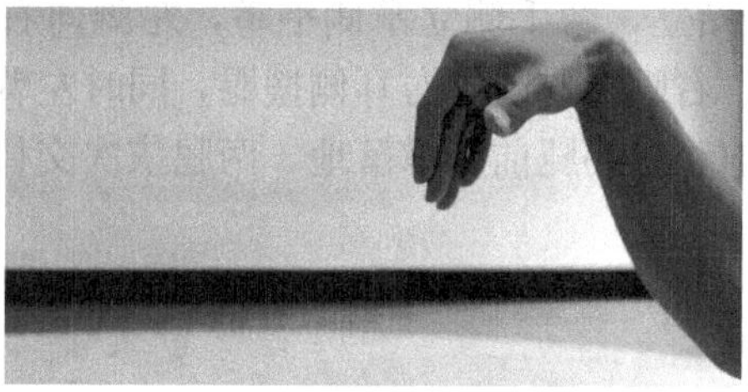

图 7—4

第三节　基本腿功

腿功是攻防格斗中主要的一种基本功法。腿功的练习有助于增强下肢的力量、柔韧素质、达到热身、防止受伤。对于较快地掌握基本动作、提高训练水平具有良好的效果。直摆性腿功主要包括正踢腿、侧踢腿、外摆腿、里合腿、后撩腿等。

一、正踢腿

（一）动作过程：并步战立，两手侧立掌侧平举，左腿向上半步支撑，右腿脚尖勾起向前额方向用力摆踢；摆踢腿脚尖下压自然回荡，两眼向前平视。（见图 7—5，图 7—6，图 7—7）

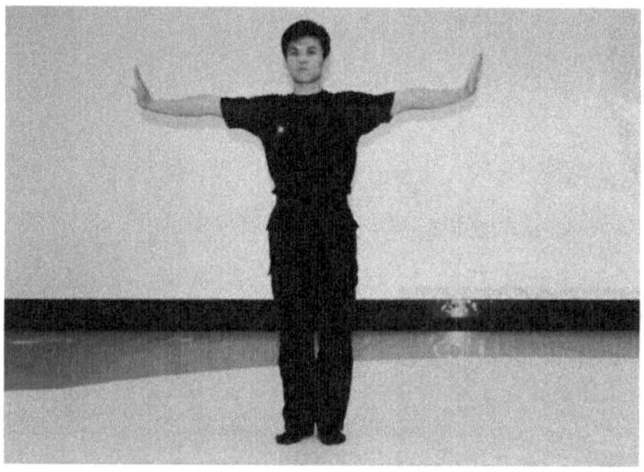

图 7—5

图 7—6

图 7—7

（二）注意事项：摆踢时，脚尖勾起，立腰，直腿，爆发用力，脚尖下压，脚掌落地。

二、侧踢腿

（一）动作过程：并步站立，两手侧立掌侧平举，左脚向右前上半步，身体右转侧对前方，左臂上伸，右臂屈，右脚尖勾起向右耳侧摆踢，同时左臂上举掌心朝上，用手触摸右脚尖，右手立掌放于胸前，摆踢腿前脚掌落地，两腿依次交替，目视前方。（见图 7—8，图 7—9，图 7—10）

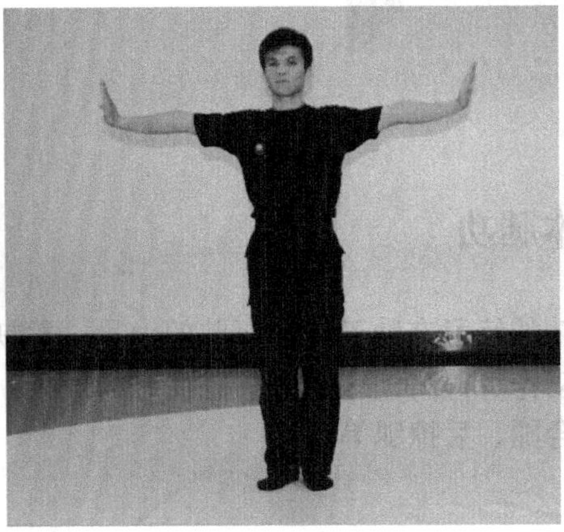

图 7—8

图 7—9

图 7—10

（二）注意事项：转体侧身，立腰直腿，勾起掌落。

三、外摆腿

（一）动作过程：并步站立，两臂侧平举立掌，右脚向前方上半步，由里向外腿勾起用力摆踢，经面部直腿前脚掌落地体侧，目视前方。（见图 7—11，图 7—12，图 7—13）

（二）注意事项：挺胸立腰，展髋腿直，外摆腿幅度要大，成扇形。

图 7—11

图 7—12

图 7—13

四、里合腿

（一）动作过程：并步站立，两臂侧平举立掌，左脚向前上半步，右脚勾起向上用力摆踢，经面部由外向里，扣脚尖脚掌落地右脚旁，目视前方。（见图 7—14，图 7—15，图 7—16）

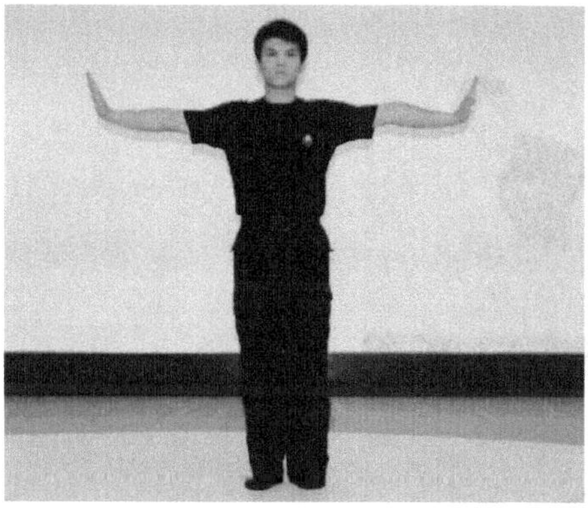

图 7—14

图 7—15

图 7—16

（二）注意事项：挺胸抬头，直腿合髋，里合幅度要大，成扇形。

五、后撩腿

（一）动作过程：实战姿势站立，左脚向后退半步，头向后看，两脚微屈，左腿伸直绷脚尖向后上方摆踢，两臂自然上举，抬头塌腰，挺胸，目视后方，摆踢腿落于右腿旁，两腿依次交替。（见图 7—17，图 7—18，图 7—19）

图 7—17

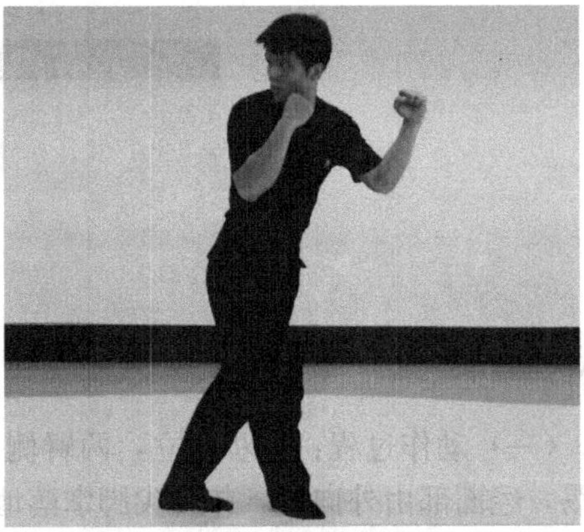

图 7—18

图 7—19

（二）注意事项：挺胸塌腰，直腿后摆，爆发用力，力达前脚掌。

六、腿功的辅助练习

（一）踢打“木桩”或“人形桩”。运用各种攻击技法踢打“木桩”或“人形桩”，还可以运用手臂各部位，身体各部位碰击桩体。要求踢打、碰击动作正确，方法得当。加强手臂、腿部的抗击打承受力。

（二）利用木棒、木板、拳靶、手靶等器材拍打身体各部位。要求拍打部位准确。受到击打的瞬间，被击打部位的肌肉要迅速绷紧，以增强抗击打承受力。

（三）相互压腿。两人一组，一人躺垫子上，两腿前后分开，似空中劈叉状态。一人单腿跪在被压人的腿上，手抓住另一腿的小腿，随着口令由轻到稍重推压。

第四节　步法移动技术

步法是攻防格斗技术中的一种重要功法。步法移动是步法的一种多变运动形式。实战时对敌要保持安全有利的角度和位置，最佳有效的时机和距离，全靠步法移动的协调完成的。根据攻防实战的需要，发动快速准确的进攻与防控应做到：“快”，步法移动要迅速，步幅准确，步到身到；“灵”，灵活多变，转换及时，随机应变；“稳”，稳定沉着的心理、平稳的身体重心。主要内容包括：前滑步、后滑步、侧滑步等。

一、前滑步

（一）动作过程：实战姿势站立。向前滑步时，后脚蹬地，身体重心前移前脚向前擦地面滑动半步，前脚掌着地，后脚迅速前滑跟半步，身体保持实战姿势。（见图 7—20，图 7—21，图 7—22）

图 7—20

图 7—21

图 7—22

（二）注意事项：先蹬地同时身体前移、推动前脚贴地面向前滑动，后脚快速跟步，不要上下起伏或跳动，身体重心要平衡，两脚移动不要离地过高，要贴地面滑动。

二、后滑步

（一）动作过程：实战姿势站立，向后滑步时，前脚先蹬地，身体重心后移，后退向后滑动半步，前脚掌着地，随之前脚后滑收半步，身体保持实战姿势。（见图 7—23，图 7—24，图 7—25）

图 7—23

图 7—24

图 7—25

（二）注意事项：后滑步时重心保持平稳，上体实战姿势不变，步步都一定要快速有力，动作协调。

三、侧滑步

（一）动作过程：实战姿势站立，左（右）脚左侧滑动半步，重心侧移，右脚随之向左（右）测滑动半步，身体保持实战姿势。（见图 7—26，图 7—27，图 7—28）

图 7—26

图 7—27

图 7—28

（二）注意事项：身体重心平稳，滑动快速有力，移动要协调一致。

四、盖步

（一）动作过程：实战姿势站立，右脚向前迈半步，重心前移，两腿成交叉状，身体保持平衡。（见图 7—29，图 7—30）

图 7—29

图 7—30

（二）注意事项：身体重心平稳，迈步适中。

五、叉步

（一）动作过程：实战姿势站立，左脚向后迈一步，形成叉步，重心后移，两腿成交叉状，上体保持不变，身体保持平衡。（见图 7—31，图 7—32）

图 7—31

图 7—32

（二）注意事项：身体重心平稳，迈步适中，头后看。

六、垫步

（一）动作过程：实战姿势站立，右脚跟向前向左脚跟靠拢半步，然后左脚抬起，有一个小跳，形成垫步，上体保持不变，身体保持平衡。（见图 7—33，图 7—34）

图 7—33

图 7—34

（二）注意事项：身体重心平稳，迈步适中，双腿微曲，忌跳太高。

七、步法移动的辅助练习

（一）行进间分解动作练习。自己喊口令，一二一二，一令半步，连续练习，熟练为止。

（二）行进间来回完整动作练习。自己不间断地练习，定个量，例如，15 个一次，一个来回 30 个为一组。根据自己承受的量酌情调整，练习直到自己感觉顺畅为止。

（三）多种步法变换练习。自己所有步法可以不同方向、不同个数穿插练习。

（四）两个人面对面步法变换练习。就像照镜子一样，可以先原地练习，再行进间变换练习。

（五）给予手势进行变换练习。挥动单手或双手，从四个方向给予不同的步法练习。

第五节　倒地护身技术

倒地护身是指在身体主动或被动失去平衡倒地时，快速采用正确的倒地以安全地护身，避免身体严重摔伤的基本功法。练习倒地护身法，增强抗摔震的能力，变被动为主动，保持良好的实战状态。主要内容包括：前倒、后倒、侧倒等。

一、前倒

（一）动作过程：前脚站立，直体向前倾倒，在身体倒地瞬间，迅速屈肘伸掌，置于体胸前，以两手掌和小臂体前撑地，身体挺直，两脚尖着地，目视前下方。（见图 7—35，图 7—36，图 7—37）

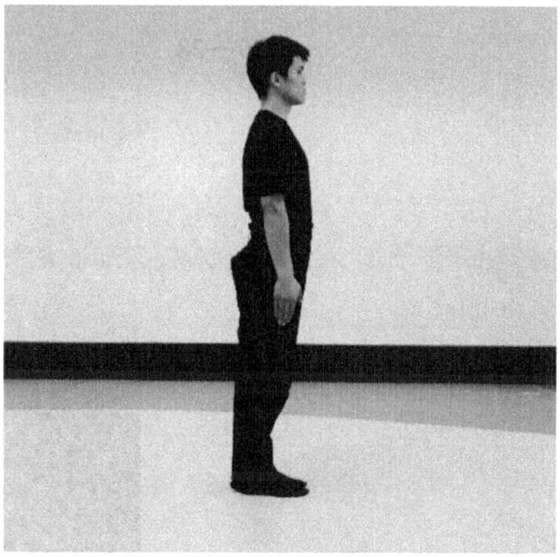

图 7—35

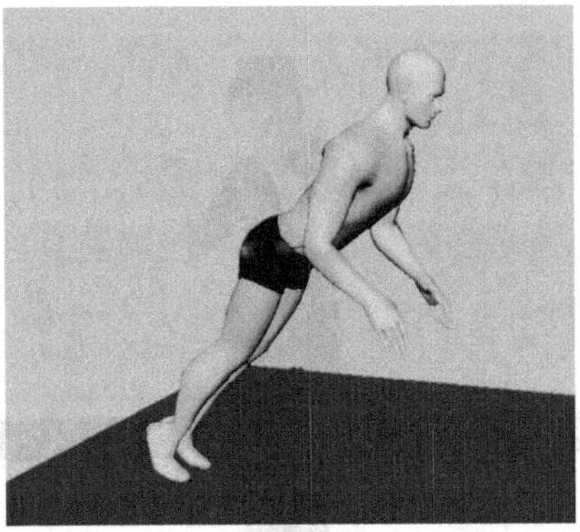

图 7—36

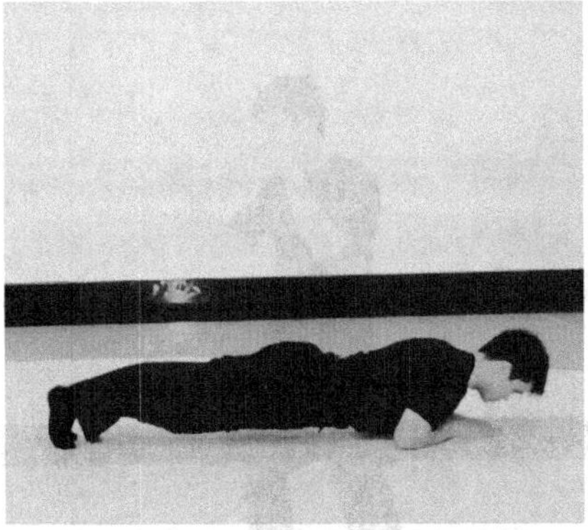

图 7—37

（二）注意事项：掌心向下主动扣地缓冲，两手臂撑地，收腹抬头，躯干与两腿挺直离地成一条直线。

二、后倒

（一）动作过程：两腿站立，身体重心下移，屈膝后倒，两臂自然后摆，掌心向下，收下颚，肩背着地，触地时，两掌臂主动拍地缓冲、撑地，左脚前脚掌蹬地，右腿抬起上蹬，挺髋，顶腰，身体仰卧地面，目视右腿。（见图 7—38，图 7—39，图 7—40）

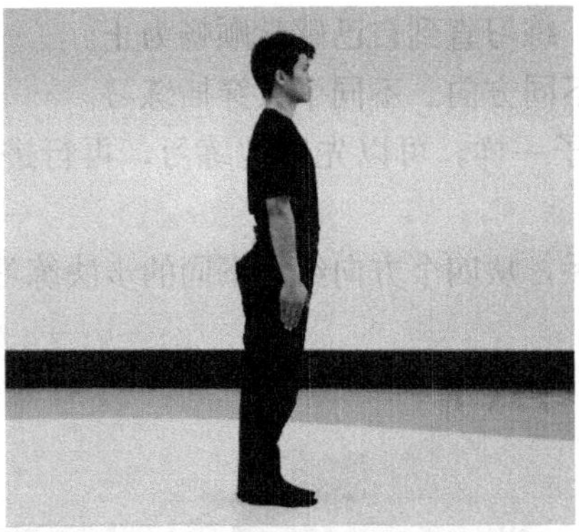

图 7—38

图 7—39

图 7—40

（二）注意事项：重心快速下移，两手臂主动拍地缓冲，挺髋顶腰，收紧下颚，肩背着地。

三、侧倒

（一）动作过程：两脚站立，重心下移落至左（右）支撑腿，右（左）腿前伸，左（右）腿屈膝下蹲，身体向右（左）侧后倒，收下颚，右（左）侧肩背着地，右（左）手臂主动拍地缓冲；右（左）腿屈膝外展，腿外侧着地，左（右）腿屈膝，脚前掌撑地，左（右）手自然放于腹上。（见图 7—41，图 7—42，图 7—43，图 7—44）

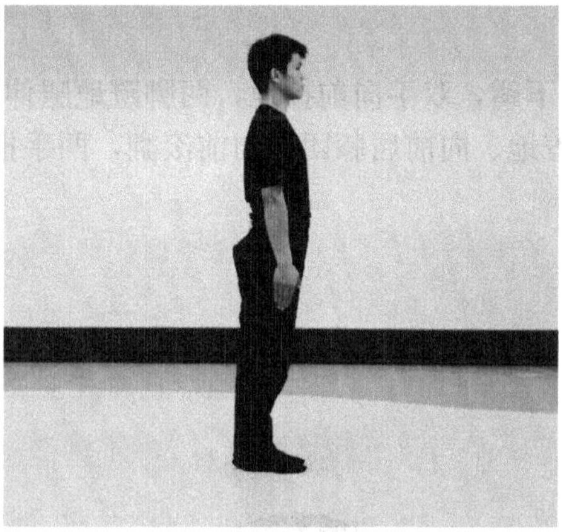

图 7—41

图 7—42

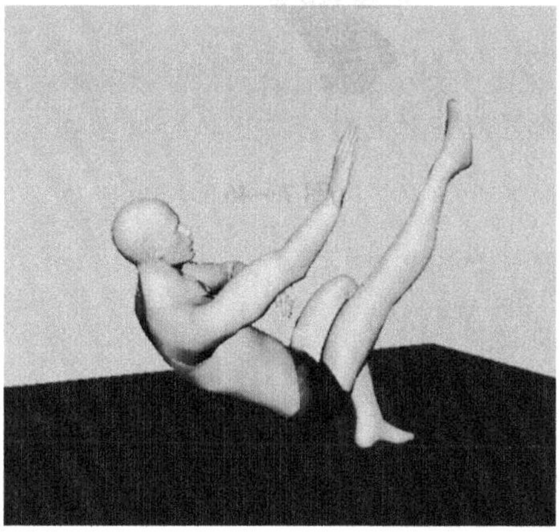

图 7—43

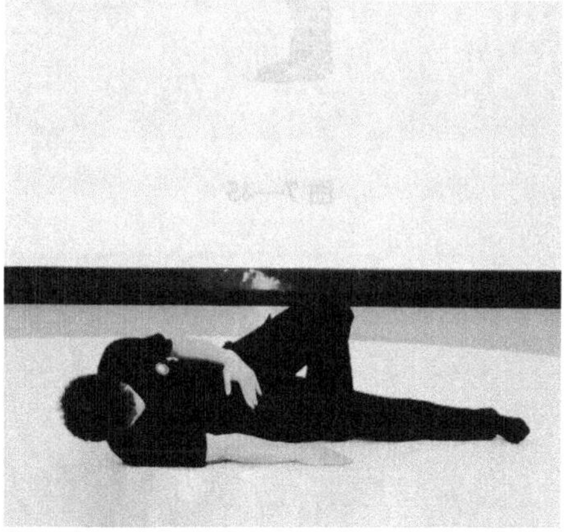

图 7—44

（二）注意事项：侧倒快速，头部侧抬，收紧下颚，手臂主动拍地缓冲。

四、倒地护身辅助练习

（一）跪式完成动作。例如，前倒动作不标准，先多练跪式前倒，熟练掌握后，再练习蹲式前倒过渡到站式前倒，尽量避免肢体受伤。

（二）蹲式完成动作。例如，侧倒动作变形，辅助练习，先多练蹲式后倒，熟练掌握后，再练习站式侧倒。

第六节　滚翻护身

滚翻护身是保护自身安全、避免受伤、变被动为主动的基本功法。当身体失去重心倒地时，应用正确的倒地滚翻功法，顺势借力，快速起身站立，保持应战姿势，进行有效的反击和防控。主要内容包括：前滚翻、后滚翻、侧滚翻等。

一、前滚翻

（一）动作过程：并步站立，重心下移，屈膝下蹲，双手向前撑地，两脚蹬地腿伸直，摆臀屈臂，低头以收紧下颚，经肩、背、腰依次着地、向前屈膝团身向前滚翻，两手抱双膝蹲起站立。（见图 7—45，图 7—46，图 7—47）

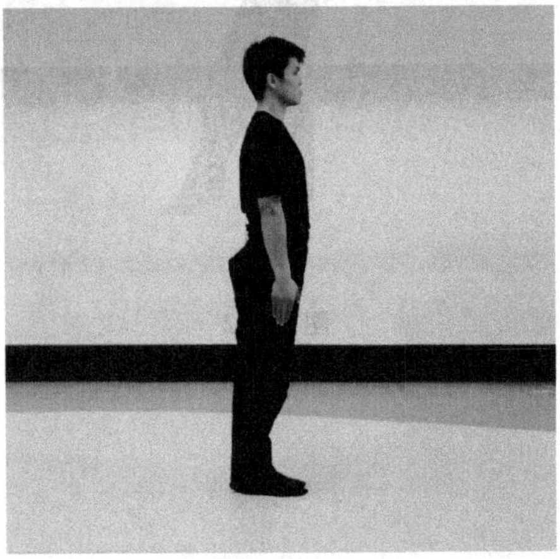

图 7—45

图 7—46

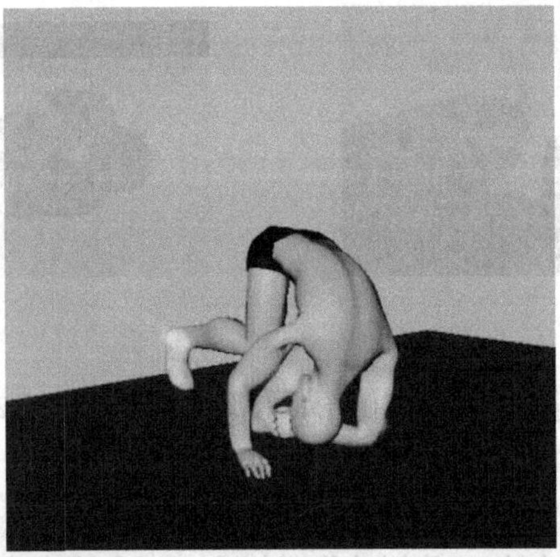

图 7—47

（二）注意事项：撑地蹬腿，低头下颚收紧，团身滚翻，快速蹲起站立。

二、后滚翻

（一）动作过程：并步站立，重心下移，两腿屈膝全蹲，上身卷体后倒地，低头收下颚、经臀、腰、背、肩依次着地，团身后滚翻，两手向后撑地，两腿后伸，两脚掌落地，蹲起站立。（见图 7—48，图 7—49，图 7—50，图 7—51）

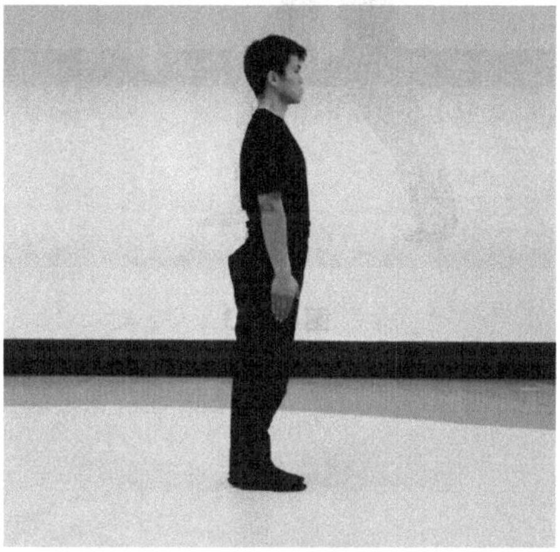

图 7—48

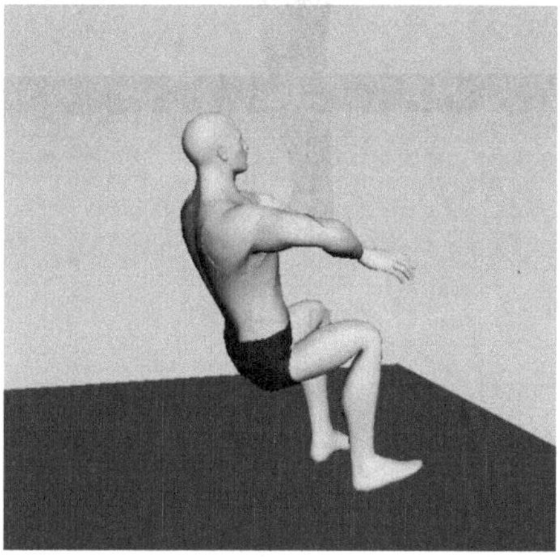

图 7—49

图 7—50

图 7—51

（二）注意事项：滚翻团身圆滑，低头含胸，下颚要收紧。

三、侧滚翻

（一）动作过程：并步站立，左（右）腿向前上半步，身体向前倾倒，重心前移，屈膝下蹲，两手臂撑地，低头左（右）转，收下颚，团身，经肩、背、腰、臀，依次着地向前滚翻，以左（右）小腿外侧，右（左）腿为支撑，蹲起站立。（见图 7—52，图 7—53，

图 7—54，图 7—55）

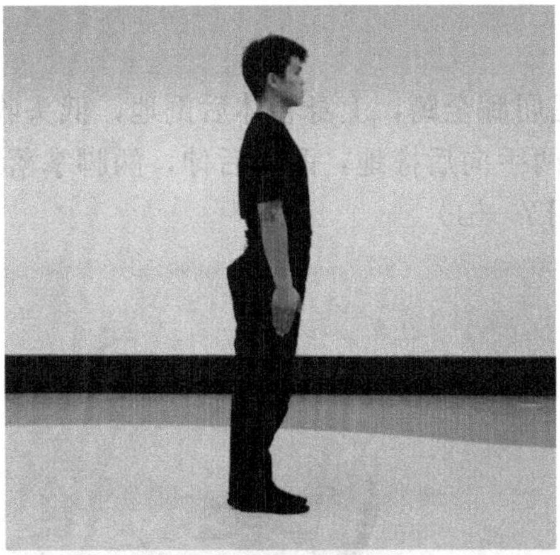

图 7—52

图 7—53

图 7—54

图 7—55

（二）注意事项：两腿前脚掌用力蹬地，低头含胸收下颚，团身依次侧身翻滚，动作要一气呵成。

四、滚翻护身的辅助练习

（一）团身抱腿滚动。在垫子上完成向前或向后屈体团身抱腿滚动，头部低头尽量卷紧，像皮球样来回滚动。

（二）蹲式滚翻。在熟练完成团身抱腿滚动的基础上，进行重心较高些的蹲式向前或向后滚翻。

（三）帮扶式滚翻。两人一组，一人练习，一人双手推拉或拉提受训者的背部或身体。例如，练习前滚翻时，受训者翻不过去时，辅助者就要在他（她）向前摆腿瞬间推拉对方背部，帮助受训者完成动作。注意受训者的头部，推拉要及时，不能硬推拉，防止颈部受伤。

第八章　防卫与控制基本技术

学习内容： 本章节主要学习防卫与控制的基本技术，包括拳法攻防技术、腿法攻防技术、摔法攻防技术和肘膝攻防技术四部分。

训练要求： 能自由组合拳法、腿法、摔法和肘膝攻防技术练习，培养灵活运用这些技术的能力。

案例回放： 2014年6月1日晚，在曲靖市陆良县电力公司生活区附近，一名持刀男子在杀伤出租车驾驶员后，抢劫了一辆出租车夺路而逃。在逃跑过程中，有四辆车被撞，五名群众受伤。事发时，正在回家途中的陆良县公安局民警何某发现上述情况后，徒手与其搏斗并及时控制了男子，他本人也身中数刀。

案例评析： 何警官敢于与持刀嫌疑人徒手搏斗，除了心理素质过硬，徒手搏斗的技术也不错，虽然最后受伤不轻，但最终还是徒手制服了嫌疑人。说明我方在执勤时或抓捕过程中，没有携带枪支控制的现场，徒手的搏斗技术就尤为重要。

第一节　拳法攻防技术

拳法是以拳面或拳峰为着力点，在中近距离对抗中，对敌方的头、胸、腹及肋等部位进行攻击的技术。常见的技术有直拳、摆拳和上勾拳。

一、拳法进攻技术

（一）直拳

1. 动作过程：实战姿势站立，以右直拳为例，右脚蹬地脚尖并向内扣，身体向左转动，拧腰、转髋、送肩的同时，右小臂平于肩，右手拳直线向前冲出，力达拳面，拳心向下，目盯对方，出拳后迅速收回成原姿势。（见图8—1，8—2）

图 8—1

图 8—2

2. 注意事项：出拳时，拳面领先，肩部放松，力从腰发，以腰带肘，忌肘关节外展出现甩拳的现象。

（二）摆拳

1. 动作过程：实战姿势站立，以右摆拳为例，右脚微蹬地，脚跟外展，腰部向左拧转，同时，右臂抬起，向右前方伸出，在大臂与小臂夹角约 135°时，右拳小臂内旋，向左横向摆动击打，拳心向下，力达拳峰，目盯对方，出拳后迅速收回成原姿势。（见图 8—3，图 8—4）

图 8—3

图 8—4

2. 注意事项：出拳肘关节保持弯曲，身体和拳同时摆动，切忌摆拳的幅度过大或在出拳前有抬肘现象。

（三）上勾拳

1. 动作过程：实战姿势站立，以右上勾拳为例，右膝内扣，重心略下沉，右臂稍下降，右脚蹬地，向左转髋，转体，右拳由下向前上方勾起，同时小臂外旋，大小臂夹角在 90°～110°，拳心朝里，力达拳峰，目盯对方，出拳后迅速收回成原姿势。（见图 8—5，图 8—6）

图 8—5

图 8—6

2. 注意事项：手臂保持好角度，以腰带拳，使用爆发力。切忌发力时没有提踵伸膝，影响出拳力量。

（四）组合拳

1. 前滑步左（右）直拳接右（左）摆拳。

2. 后滑步左（右）上勾拳接右（左）直拳。

3. 前滑步左（右）摆拳接右（左）上勾拳。

4. 前滑步左（右）直拳接左（右）摆拳接左（右）勾拳。

二、拳法防守技术

（一）拍击

1. 动作过程：实战姿势站立，含胸收腹，目盯对方。当对方来拳，我方左（右）拳瞬间变掌，以腕关节为点，向下迅速拍击对方的拳，身体顺势微转动，另一手保护面部，达到防守的目的。（见图 8—7，图 8—8）

图 8—7

图 8—8

2. 注意事项：切忌整个手臂抬起，进行拍击动作，速度快而有力。

（二）躲闪

1. 动作过程：实战姿势站立，含胸收腹，目盯对方。当对方来拳，我方头部向左（右）侧闪动，双手紧护面部，身体顺势左（右）晃动，双腿原地不动或左（右）滑步，迅速躲过对方的拳，双腿弯曲，稍降重心，另一手保护面部，达到防守的目的。(见图 8—9，图 8—10)

图 8—9

图 8—10

2. 注意事项：躲闪的幅度忌大，判断准确，速度快。

（三）下潜

1. 动作过程：实战姿势站立，含胸收腹，目盯对方。当对方攻击我头胸部时，双腿屈膝，收腹含胸，重心下降，两手紧护胸或头部，身体垂直下降，另一手保护面部，以闪躲对方的攻击。(见图 8—11，图 8—12)

图 8—11

图 8—12

2. 注意事项：下闪躲应屈膝，重心下降适度，切忌太低。

（四）阻挡

1. 动作过程：实战姿势站立，含胸收腹。当对方攻击我头部时，左（右）拳变掌紧护头部，手臂加紧，双腿微屈，同时，向外给一个阻挡的力，另一手保护面部，达到防守的目的。（见图 8—13，图 8—14）

图 8—13

图 8—14

2. 注意事项：切忌肘尖朝前，半边脸藏小臂中，眼睛盯住对方。

（五）肘掩

1. 动作过程：实战姿势站立，右（左）臂弯曲，小臂稍内旋，身体微向左（右）转的同时，向内、向下腹滚掩，拳心向里，以小臂尺骨下端为着力点，含胸，收腹，目盯对方。（见图 8—15，图 8—16）

图 8—15

图 8—16

2. 注意事项：含胸收腹，以腰带臂。掩肘时肌肉要紧张，闭气。

（六）外上刁手

1. 动作过程：实战姿势站立，当对方用右（左）拳横向攻击时，我左（右）手肘关节上提，拳变掌，掌心向外，由下至上搂抓对方的小臂，同时右（左）手回收护腮，含胸收腹，目盯对方。（见图 8—17，图 8—18）

图 8—17

图 8—18

2. 注意事项：屈肘扣腕，由里向外搂抓。

（七）格挡

1. 上格挡

(1) 动作过程：实战姿势站立，以左（右）小臂屈，外侧为力点，配合拧腰转髋，向上推击格挡，目盯对方。（见图 8—19，图 8—20）

图 8—19

图 8—20

(2) 注意事项：左（右）小臂外旋，左（右）臂向上举和小臂略伸腰协调一致，肘关节要紧张，动作幅度要小而快；要以身体的整体力量向上撞挡。

2. 外格挡

(1) 动作过程：实战姿势站立，含胸收腹，目盯对方。右（左）臂屈肘小于 90°，小

臂内旋，以小臂内侧为力点，向外体侧推格。格挡时，肘应保持一定的屈度。（见图 8—21，图 8—22）

图 8—21

图 8—22

（2）注意事项：要求大小臂力整体外向给力。

三、拳法技术的辅助练习

拳法练习必须依照各拳法之间的共同关系，寻找其共同点，以此为突破口进行练习。达到突破一点、带动全面的目的。直拳、摆拳、上勾拳三种拳法的共同点在于腿腰的发力上，它是拳法的重中之重，只要完成腿腰的技术动作，实际上已经掌握了基本拳法的大半部分，以此为突破口，能达到事半功倍的效果。另外，在练习时，要对拳法辅助动作加以强化，使之早日达到掌握完整的技术动作能力。下面，简单介绍几种有关拳法的练习方法。

（一）原地（左右）冲拳、摆拳和上勾拳

双脚平行站立，与肩同宽，膝关节略为弯屈，重心在两脚中间。双手置于左右胸部与下颌之间。左手向右出拳，左脚脚跟外展，左腿蹬伸转髋，左肩尽量转动向前，左手臂与肩同宽，下颌内收，右手保持原姿势。右手向左冲拳，右脚蹬腿转髋送肩，要求同左手出拳一样。左手回收保护自己。该练习重点在于尽量加大腿腰的蹬转幅度，以体会腰腿的发力。

依次练习左右摆拳和上勾拳。

（二）行进间（左右）冲拳、摆拳和上勾拳

预备姿势同上。左脚蹬腿转髋，左手拳向正前冲出，腰腿充分拧转，肩平行送出。右腿蹬转完成，右拳要求与左冲拳一致。该练习主要体会腰、腿、拳三者的动作幅度与用力方向，在该练习动作的基础上，右脚逐渐后移，即成为格斗姿势的基础上，练习左右直拳。

依次练习左右摆拳和上勾拳。

（三）组合拳练习

上述学习的四种组合拳练习熟悉后，可逐步变化出拳路线，配合合理的步法（例如，两直拳两摆拳连击或两直拳一摆拳一勾拳等），进而达到进退自如的组合拳法水平。

（四）对应拳法的防守技术练习

两人保持一定距离，原地或行进间进行一攻一防的技术练习，然后上升组合拳的攻防技术练习。

（五）击打手靶练习

通过手靶完善拳法技术。例如，对方出现右侧蹬转不充分的现象时，并用双靶交叉重叠击打进行纠正。例如，出现握拳不紧的现象时，可加大手靶的拍击力量，给其加大反作用，迫使其手腕挺直，加以完善技术。

（六）反应练习

集体在指挥员的口令或手势下，利用听觉、视觉快速反应，完成相关的拳法技术。

第二节 腿法攻防技术

腿法是以脚掌、脚跟、脚背及小腿胫部末端为着力点，在远距离对敌方的头、躯干及腿部进行攻击的技术。进攻性腿法包括正弹腿、正蹬腿、侧踹腿、边腿、截腿，前四种腿法也是屈伸性腿法。

一、腿法进攻技术

（一）正弹腿

1. 动作过程：实战姿势站立，以右正弹腿为例，重心移至后脚，右脚正面屈膝抬起，小腿由下而上弹出，绷直脚尖，力达脚背，双手自然摆动，目盯前方，迅速收回成原姿势。（见图 8—23，图 8—24，图 8—25）

图 8—23

图 8—24

图 8—25

2. 注意事项：收腹抬腿，大小腿折叠紧，使用爆发力。切忌重心不稳。

（二）正蹬腿

1. 动作过程：实战姿势站立，以右正蹬腿为例，重心移至左腿，右腿屈膝抬至前胸，脚尖上勾，上体收腹团身。出腿时以脚跟领先向前蹬出，同时髋部前送，力达脚跟。支撑腿以脚前掌为轴，脚跟略右转。双手自然摆动，下颌内收，目盯前方，迅速收回成原姿势。（见图 8—26，图 8—27，图 8—28）

图 8—26

图 8—27

图 8—28

2. 注意事项：上体收腹团身，稍后仰，大小腿叠紧，发力时向前送髋，勾脚尖，使用爆发力。切忌蹬击时脚跟没有领先，造成击打无力。

（三）侧踹腿

1. 动作过程：实战姿势站立，以左侧踹腿为例，身体重心移至右腿，右脚尖外转，右腿膝关节微屈，身体向右自然倾斜，同时左腿屈膝上抬至胸，小腿外摆，脚掌外翻，脚掌正对攻击目标，大腿推小腿用力向前踹出，力达脚掌，上体可稍侧倾，目视出腿方向，迅速收回成原姿势。（见图 8—29，图 8—30，图 8—31）

图 8—29

图 8—30

图 8—31

2. 注意事项：抬腿时团身收腹，蹬腿时展髋，肩、膝、踝三部位在一条直线上。

抬腿前摆，大小腿叠紧在一个水平线上，勾脚尖，膝盖伸直。切忌上体过于侧倒，造成力量不集中。

（四）边腿

1. 动作过程：实战姿势站立，以右边腿为例。重心移至左腿，左腿稍屈支撑。上体稍向左侧倾，同时右腿屈膝向右侧提起，扣膝、绷脚背，随即右侧腰部向左拧转髋，小腿顺势弹出。脚趾下扣力达脚背，右手自然摆至体侧，左手保持原姿势，目视出腿方向，迅速收回成原姿势。（见图 8—32，图 8—33，图 8—34）

图 8—32

图 8—33

图 8—34

2. 注意事项：抬腿，拧腰，送髋，转髋出腿，要协调一致，脚背绷紧。切忌大小腿折叠不紧，不转髋，造成弹腿无力。

（五）截腿

1. 动作过程：实战姿势站立，以右截腿为例，腰部向右拧动，右腿弯曲，勾脚尖，脚底对准目标，左腿弯曲支持。右膝稍外展，带动右腿直腿向前截击，力达脚弓内侧，目盯前方，迅速收回成原姿势。（见图 8—35，图 8—36，图 8—37）

图 8—35

图 8—36

图 8—37

2. 注意事项：拧腰积极，脚踝扣紧，出腿快，使用爆发力。切忌动作幅度较大、有撩小腿的现象。

（六）组合腿

1. 前滑步左（右）正弹腿接右（左）边腿。

2. 前滑步右（左）边腿接右（左）侧踹腿。

3. 前滑步左（右）正弹腿接右（左）侧踹腿接左（右）边腿。

4. 前滑步右（左）正弹腿接右（左侧踹腿）接左（右）边腿。

二、腿法防守技术

（一）下格挡

1. 动作过程：实战姿势站立，以左（右）小臂屈，拳握紧，配合拧腰转髋，向下推击格挡，另一手臂护面防守，目看下方。（见图 8—38，图 8—39）

图 8—38

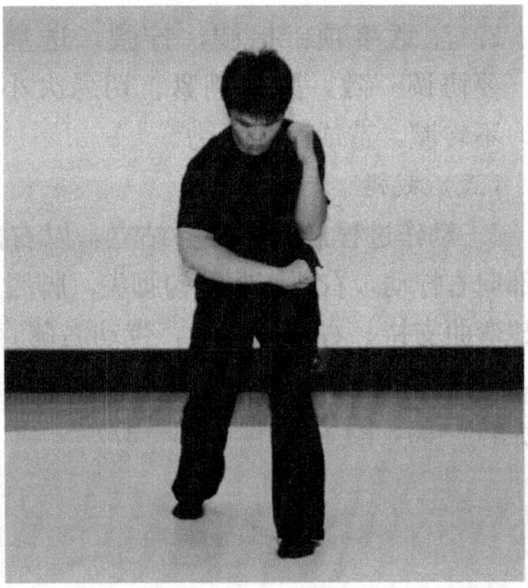

图 8—39

2. 注意事项：左（右）小臂有力，身体协调一致，动作幅度要小而快。

（二）十字手格挡

1. 动作过程：实战姿势站立，左右两小臂屈而交叉，拳握紧，向下推击格挡，双腿微屈，目看下方。（见图 8—40，图 8—41）

图 8—40

图 8—41

2. 注意事项：小臂有力，身体协调一致，动作幅度要小而快。

（三）挂挡

1. 动作过程：实战姿势站立，以左挂挡为例，左手臂以肘为支点，小臂由上向下运行，同时小臂内旋，到腹前时，手臂基本伸直，然后屈臂由前向后回带，以小臂外侧和背侧挂削对方拳或脚的直线攻击或弧线攻击，眼看防守方向。（见图 8—42，图 8—43）

图 8—42

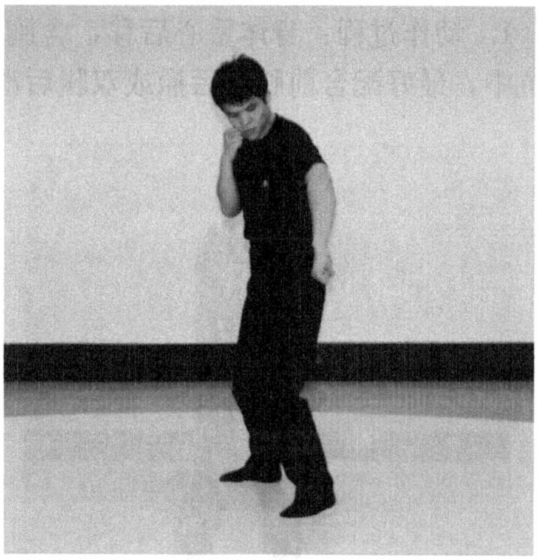

图 8—43

2. 注意事项：挂挡的运动路线为由上向下后抽的弧线，在接触的瞬间快速旋转，小臂略向侧后回带。

（四）抄抱

1. 动作过程：实战姿势站立，左（右）手由拳变掌外翻，右（左）手由下向上抄抱，两手小臂十字交叉合力，同时身体要拧腰转髋与之相配合，眼看防守方向。（见图 8—44，图 8—45，图 8—46）

2. 注意事项：敏捷迅速、干净利落；抄抱时应屈肘扣腕，配合转身闪腰。

图 8—44

图 8—45

图 8—46

（五）后闪

1. 动作过程：身体重心后移，含胸收下颌，上体略后仰，以躲避对方的攻击。实战对抗中，最好配合前腿的后撤或双腿后滑步，眼看下方。（见图 8—47，图 8—48）

图 8—47

图 8—48

2. 注意事项：判断准确，动作迅速、灵活。

（六）提膝

1. 动作过程：实战姿势站立，当对方用腿踢击时，迅速后移重心至右（左）腿，同时，左（右）膝屈膝迅速上提阻挡防守，腿部肌肉绷紧，眼看对方，防守后迅速落地、还原。（见图 8—49，图 8—50）

图 8—49

图 8—50

2. 注意事项：判断要准确，提膝速度快，还原要迅速。

三、腿法辅助练习方法

（一）膝触肩练习。右腿屈膝上抬，尽量碰撞左肩。左膝右肩，依次快速交换，即可原地进行，也可行进间进行。注意的是膝关节尽量高抬，肩部不应主动下降，且在高重心的姿势下完成动作。

（二）抬腿转髋练习。右腿屈膝上抬，向左摆动，同时身体向左动 180°落地支撑后，左腿反方向完成该动作，左右反复交换，该动作主要用于腿腰的旋转，以及支撑腿的转动。

（三）侧拉腿练习。双手正面扶支撑物，单腿支撑，一脚抬腿膝关节与异侧肩靠拢，抬腿时，大小腿叠紧，上体收腹含胸，完成后，随即蹬腿展髋，多次反复练习。该动作主要提高侧踹腿的抬腿能力。

（四）控腿、弹腿练习。单手扶支撑物、一腿支撑、一腿上抬、膝关节保持相当高度，在此基础上，小腿由上至侧上方斜线弹击。该动作主要用于提高正弹和侧弹的弹击能力。

（五）双手叉腰，原地或行进间左右正蹬、正弹等空击练习。该练习主要完善技术的动作路线以及重心稳定。

（六）手靶、沙袋练习。运用各种腿法击打高度不同的手靶、沙袋。主要体会击打。

第三节　摔法攻防技术

一、摔法进攻技术

（一）抱双腿顶摔

1. 抱双腿前顶摔

(1) 动作过程：我方从前面迅速接近对方，降重心，左（右）脚向前上一步插入对方两脚之间或左（右）侧，双手抱住其膝盖或小腿部位，左（右）肩顶靠对方右（左）髋关节部位，迅速双手后拉，肩前顶，使对方失重，向后倒下。（见图 8—51，图 8—52，图 8—53）

图 8—51

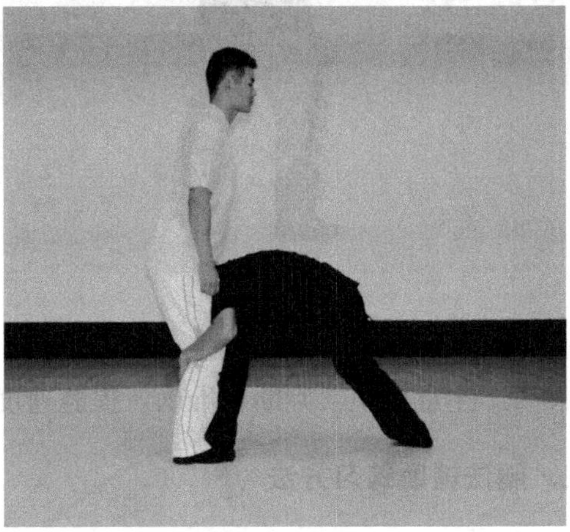

图 8—52

图 8—53

(2) 注意事项：抱腿、前顶同时发力，速度快，动作连贯。

2. 抱双腿后顶摔

(1) 动作过程：我方从后面迅速接近对方，降重心，左（右）脚上一步插入对方两脚之间或左（右）侧，双手抱住其膝盖或小腿部位，左（右）肩顶靠对方右（左）髋关节部位，迅速双手后拉，肩前顶，使对方失重，向前倒下。（见图 8—54，图 8—55，图 8—56）

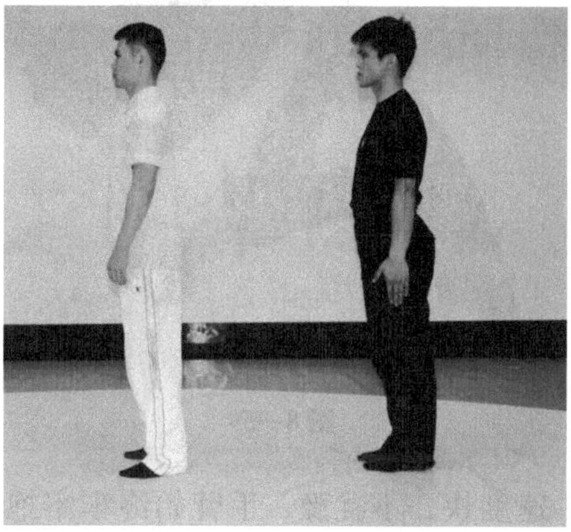

图 8—54

图 8—55

图 8—56

（2）注意事项：抱腿、前顶同时发力，速度快，动作连贯。

（二）抱臂别摔

1. 动作过程：我方从后面迅速接近对方身体一侧，左（右）脚向前上一步插入对方右（左）脚前别住，同时双手抱抓住右（左）臂和手腕，外翻其手臂，且拉直紧贴自己胸部，牢牢控制。上体迅速下沉，重心下降，左（右）腿主动弯曲跪着，手臂上拉，身体重心全部在对方肩部，力点明确，对方失重，向前倒下。（见图 8—57，图 8—58，图 8—59）

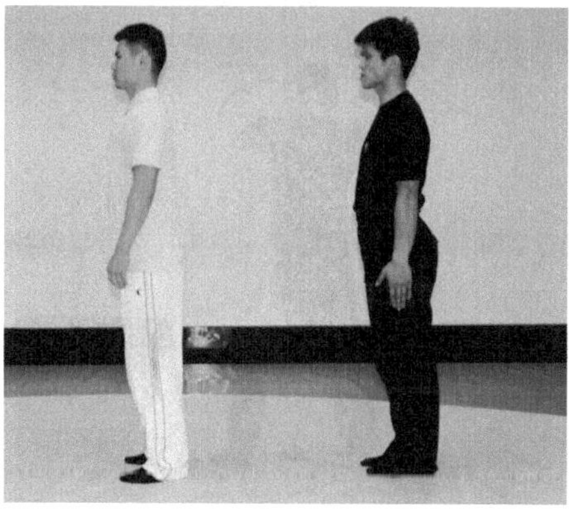

图 8—57

图 8—58

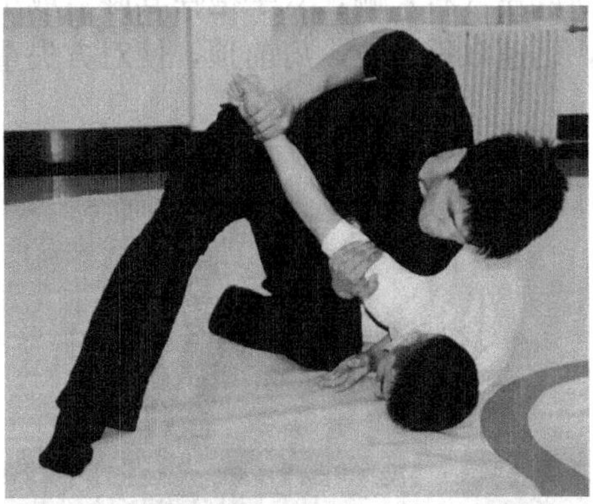

图 8—59

2. 注意事项：上步一定要迈在对方腿前面，速度快、不犹豫、手臂始终牢牢抱住。切忌抱臂不牢，无外翻，下沉时，身体力点不明确。

（三）切别摔

1. 动作过程：对方挥拳过来，我方迅速接近对方，右（左）脚向前上一步插入对方右（左）脚侧面别住，一手刁抓住其右（左）手腕，另一手屈臂成掌切击其颈部。右脚向后突然后蹭一步，同时，身体左（右）旋，双手顺势左（右）拽，把对方迅速向后摔倒。（见图 8—60，图 8—61，图 8—62，图 8—63，图 8—64）

图 8—60

图 8—61

图 8—62

图 8—63

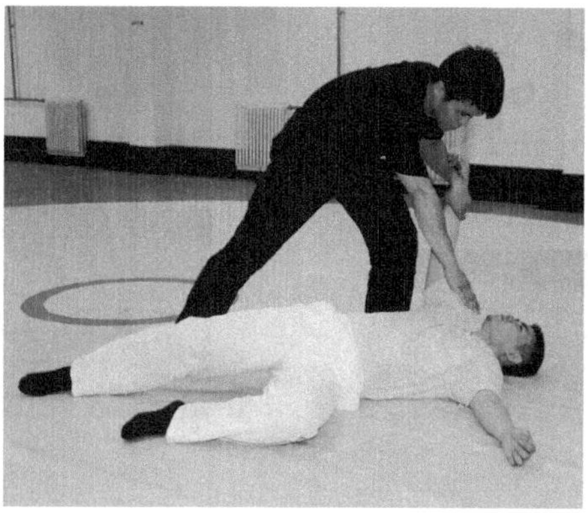

图 8—64

2. 注意事项：手、腿、身体协调一致，使用合力和爆发力。切忌不贴近对方就开始摔，右（左）脚没有往后蹭一步，原地扭转对方。

（四）抱腰摔

1. 动作过程：对方挥拳过来，我方迅速接近对方，右脚向对方的右脚尖前半只脚的距离迈小一小步，脚尖内扣，身体左转，左脚跟进，脚跟抬起，两脚成平行开立状，间距和对方间距基本一样，右手抱住对方的腰，降重心，我方右臂紧贴对方右髋关节，两人基本重叠。提臀，双脚蹬地平行向后蹭半步，背起对方，双手抱住其腰由后向前向下身体摔出。（见图 8—65，图 8—66，图 8—67，图 8—68，图 8—69）

图 8—65

图 8—66

图 8—67

图 8—68

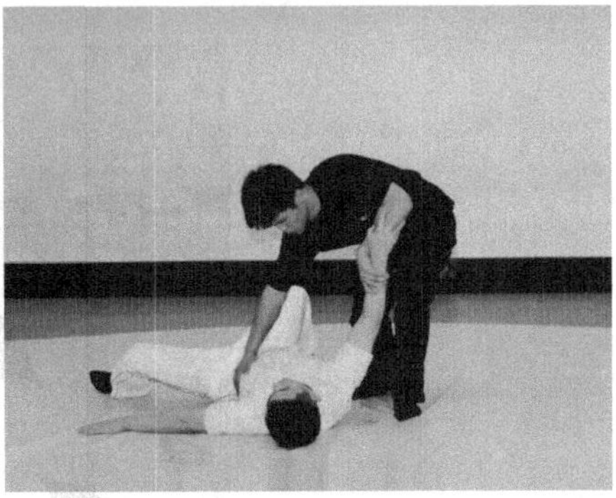

图 8—69

2. 注意事项：两脚间距不能过大，一定要降重心到位，提臀，速度快，使用爆发力，才能把对方从背上摔出。切忌臀部贴对方的裆部，重心过高。

（五）锁喉摔

1. 动作过程：我方从后面迅速接近对方，右手成掌从其颌下穿过，以大、小臂夹角紧锁其颈部，尺骨前段压迫对方咽喉，左手成掌与右掌合力，上体前倾，头部靠贴对方左侧脸部，然后，重心下降，双腿后伸，主动下趴，右臂牢牢控制，将对方摔倒。（见图 8—70，图 8—71，图 8—72，图 8—73，图 8—74）

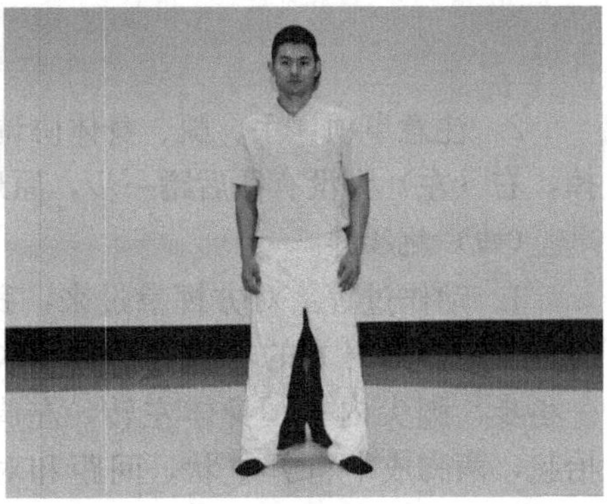

图 8—70

图 8—71

图 8—72

图 8—73

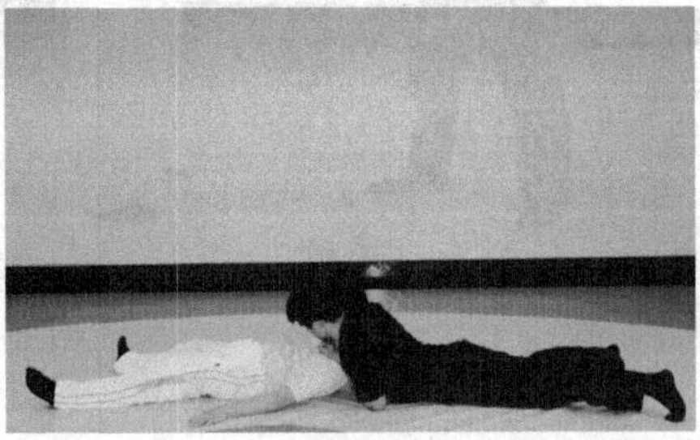

图 8—74

2. 注意事项：贴紧对方头部，锁颈要狠，动作要协调一致，连贯完成。

二、摔法防守技术

（一）推阻法

1. 防抱单腿摔

（1）动作过程：当对方身体前俯欲抱我腿时，我方迅速屈腿降低重心，同时，身体前倾，两手向前推阻对方的肩膀，破坏对方的抱腿动作。（见图 8—75，图 8—76，图 8—77）

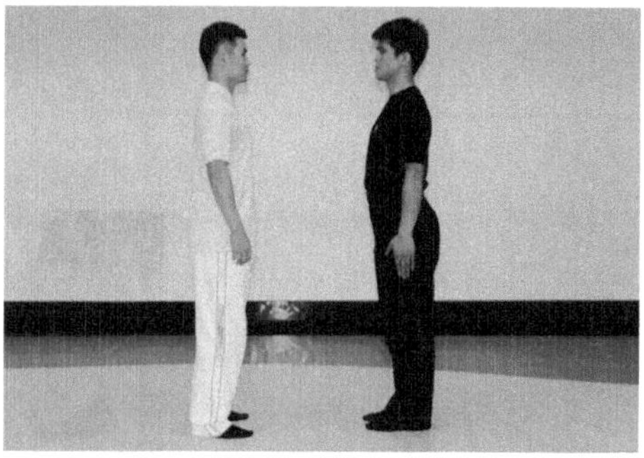

图 8—75

图 8—76

图 8—77

（2）注意事项：反应快，推阻要速度快，准确而有力。

2. 防抱双腿摔

（1）动作过程：当对方身体前俯欲抱我双腿时，我方迅速双腿外开降低重心，同时，身体前倾，两手向下推按阻对方的双臂，破坏对方的抱腿动作。（见图 8—78，图 8—79，图 8—80）

图 8—78

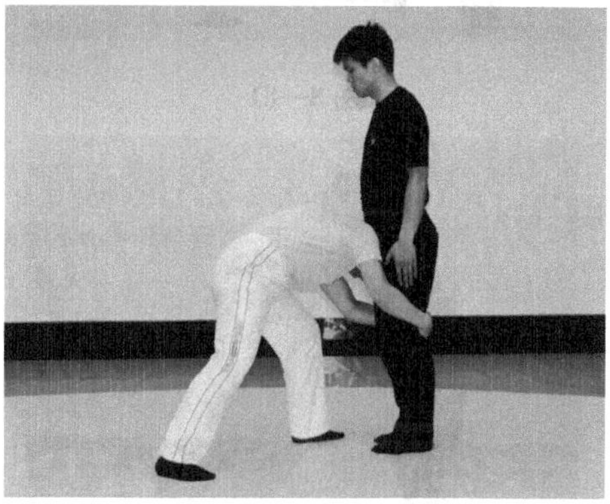

图 8—79

图 8—80

(2) 注意事项：反应快，推阻要速度快，重心稳。

3. 防抱腰摔

(1) 动作过程：当对方上前转身抱我腰准备摔时，我方迅速降低重心，同时，右手掌撑顶对方右膝窝，左手往后下拉，破坏对方的摔法。(见图 8—81，图 8—82，图 8—83，图 8—84，图 8—85)

图 8—81

图 8—82

图 8—83

图 8—84

图 8—85

（2）注意事项：掌撑顶对方右膝窝要快速有力，准确，左手不能松。

三、摔法的辅助练习

（一）抱人跑。两人一组，双手抱起对方，往返 30 米跑动，交换练习。然后，换一个比自己体重重的抱起再练习。

（二）背人跑。两人一组，双手抱起对方，往返 30 米跑动，交换练习。然后，换一个比自己体重重的抱起再练习。

（三）抱腰提臂反复练习。原地按照抱腰摔的前段动作，不要把人翻过去，只要把对方抱起背起就可以，主要是练习两人脚的距离把握、重心高度的调整、提臂动作的协调等。

（四）摔布人。有条件的练习摔布人，熟练动作，一气呵成。

第四节　肘膝攻防技术

一、肘法进攻技术

肘法是以肘部为着力点，在近距离对敌手的头、颈、胸、腹及肋部进行攻击的技术。

（一）横击肘

1. 动作过程：实战姿势站立，以右横击肘为例，右肘向外斜线上抬至肩高的同时向左横击，拧腰送肩发力，右手拳握紧以提高小臂的紧张度，力达肘尖。（见图 8—86，图 8—87，图 8—88）

图 8—86

图 8—87

图 8—88

2. 注意事项：转体拧腰要快，发力短促。切忌转体的速度慢和幅度大。

（二）挑肘

1. 动作过程：实战姿势站立，以右挑肘为例，屈肘上提，身体重心前移，肘尖由下而上挑击。身体稍左转，拧腰，上提力达肘尖。(见图 8—89，图 8—90)

图 8—89

图 8—90

2. 注意事项：发力短促，腿、腰的力量运用一致。切忌挑肘时身体发力不协调。

（三）后顶肘

1. 动作过程：实战姿势站立，以右后顶肘为例，屈肘提臂于胸前，随即身体向右后拧转，肘尖向后顶撞。(见图 8—91，图 8—92)

图 8—91

图 8—92

2. 注意事项：肘随身体整体转动，肘尖领先，重心稳健。切忌拧腰不迅速，屈肘不紧。

（四）砸肘

1. 动作过程：实战姿势站立，以右沉肘为例，身体重心上提，右臂屈肘略上提随即拧腰重心下降，含胸收腹，右肘猛力下砸，肘尖向下。（见图 8—93，图 8—94，图 8—95）

图 8—93

图 8—94

图 8—95

2. 注意事项：重心的升、降与肘关节的提拉、下砸相一致。切忌重心下沉与砸肘不一致，肩臂松弛，锁肩不紧。

二、肘法防守技术

肘法的防守，主要以手臂动作来达到防守的目的，可以采用拳法技术里面的格挡、阻挡、躲闪等技术动作。

三、肘法的辅助练习

肘部是人体最硬的关节部位，在近身搏斗中具有短、频、快的特点，他的杀伤力非常大，有“宁挨十拳，惧中一肘”之说。

（一）拧腰击肘练习。腰部快速左右转动带动上体旋转同时两肘左右横击，以此体会腰部的快速发力。

（二）对镜空击，观察体会、纠正技术的路线动作。

（三）击打沙袋手靶，体会发力的着力点。

（四）两人击靶练习。模拟实战击靶训练，一人拿靶，另一人运用各种肘法进行变换练习。

四、膝法进攻技术

膝法是以膝盖为着力点，在近距离对敌方的腹、裆及头部进行攻击的技术。

（一）正顶膝

1. 动作过程：实战姿势站立，以右正顶膝为例，双手向前抓住对方的双肩，使其靠近自己，膝关节正前提起，大小腿叠紧，前顶。同时，支撑腿微屈，上体稍后仰，力达膝关节。（见图 8—96，图 8—97，图 8—98）

图 8—96

图 8—97

图 8—98

2. 注意事项：腰部发力积极，抬腿迅速，使用爆发力。切忌髋前送幅度小，力量不集中。

（二）侧顶膝

1. 动作过程：实战姿势站立，以右侧顶膝为例，双手向前抓住对方的双肩，右大小腿叠紧，以膝关节领先，由右向左前斜线顶出。同时，身体左转，腰部随力拧转。重心上提，力达膝关节。（见图 8—99，图 8—100，图 8—101）

图 8—99

图 8—100

图 8—101

2. 注意事项：抬膝拧腰动作要协调。切忌大小腿折叠不紧，造成膝关节不够领先。

五、膝法的防守技术

膝法的防守，主要通过下肢动作来达到防守的目的，可以采用腿法技术里面的提膝阻挡、后闪等技术动作。

六、膝法辅助练习

要想膝法发挥威力，需要双手的配合。但因膝法路线较短要求发力短促，而短力与长力相比较前者较后者有一定的难度。因此膝法练习时，其发力是该技术的难点和重点，所以在练习时，有必要进行专门性练习。

（一）原地或行进间高抬腿练习。主要针对提膝的高度和频率进行练习。先原地练习，抬腿高度必须到自己腰部，两腿频率均衡，再行进间练习，始终保持提膝高度。

（二）提膝顶髋练习。原地一腿屈膝上抬，送髋，前顶，使用爆发力，一腿支撑。然后，反复进行，该练习主要体会送髋顶膝的短促发力。

（三）对镜空击，观察体会、纠正技术的路线动作。

（四）击打手靶，两人一组，一人拿靶，另一人练习，主要体会发力的着力点。

第九章　警用压点控制技术

学习内容：本章节主要学习压点控制动作内容，包括手法使用和技术动作，让受训者掌握压点控制技术动作原理、手法及配合使用。

训练要求：准确了解各神经点位置，初步学习并规范各项压点控制技术动作，分组对压点控制动作进行重复训练。

案例回放：2013 年 3 月，某地发生了一起人员聚集静坐抗议事件。该事件扰乱破坏了当地社会治安秩序，造成了不良的社会影响。由于静坐人员中有特殊人群，当地公安机关在处理事件时遇到较大困难，但两会期间的社会安稳受领导高度重视，因此能否妥善解决此事十分重要。

案例评析：随着中国法制化建设的不断完善，社会对于执法者的文明执法提出了更高的要求。然而我国社会主义的法制配套体系并不完善，许多案例处置并没有一套标准的方法可依据，为此我们可以借鉴西方发达国家的成功处置经验。就此次静坐事件，因为处置对象中有特殊人群，很明显传统的处置方法并不适用此类事件，因此迫切需要一种妥善的处理方法。压点控制这类技能对于消极抵抗人群十分适用。我国除了香港地区，其他地区并没有推广此类技能，因而引入此类技能对于提高我国广大基层民警的文明执法十分有效。

一、概念

（一）压点控制

人体内分布着许多神经点，在尚未达到使用致命武力的情况下，即可采用压点控制技术来对目标对象进行控制。警察通过对目标对象神经敏感点的压迫或击打，迫使控制对象因产生剧烈疼痛而屈服，进而对整个抓捕行动获得一定的控制权。当然，压点控制技术的使用也可使目标对象气势消沉或者部分生理机能失效，这样就使得接下来用到的致命或非致命技术的实施更加容易。然而西医所谓的神经点没有精确性，对于体形不同的人群神经点的位置也不同，而我国中医穴位具有十分精确的国际标准，因此将穴位引入压点控制技术体系对于压点技术在我国的推广以及加强压点控制的理论体系建设十分有必要。

（二）穴位

中医把穴位定义为人体经络系统中沟通体表与体内脏腑联系的某些特定部位，人体脏

腑及其肌肉能够维持正常生理功能都需要经络通过穴位运输脏腑气血到体表供给肢体运动。(见图 9—1)

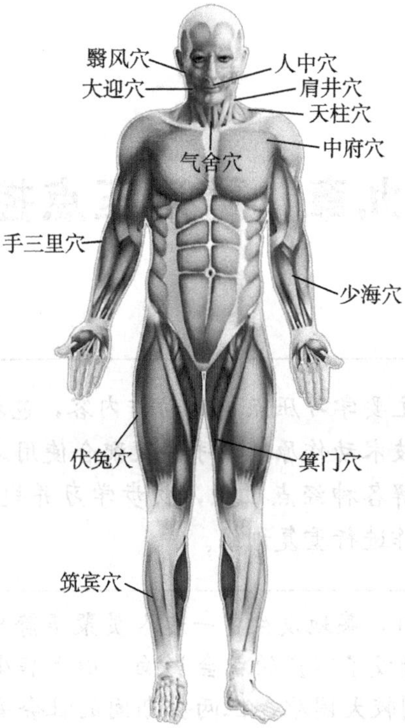

图 9—1　压点控制神经点对应穴位图

二、压点控制使用技法

（一）按压法

指通过用指腹、指尖、掌根等身体部位在接触人体压点神经点的穴位后持续对该部位施加压强，从而刺激该部位产生特定生理反应。此类方法通常针对静坐等消极反抗类执法对象。(见图 9—2，图 9—3，图 9—4，图 9—5)

（二）戳刺法

指通过运用指尖、拳峰、甚至是肘部对压点神经点的穴位进行数次冲击，从而在短时间施加大强度压强，从而达到让对方屈服的目的。此类方法通常针对积极抵抗执法对象，也可在执法者失去了对执法对象控制的情况下使用。(见图 9—6，图 9—7)

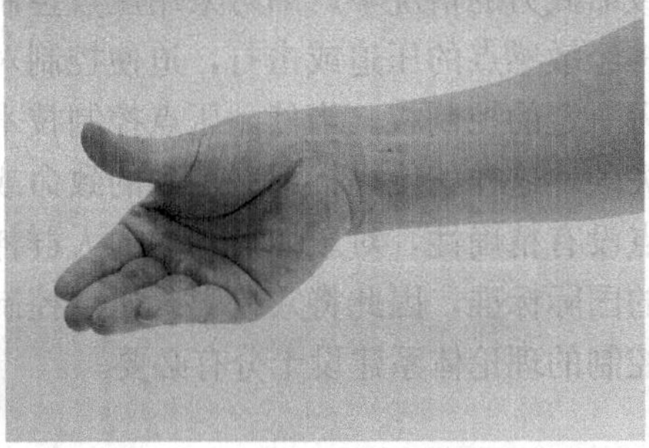

图 9—2

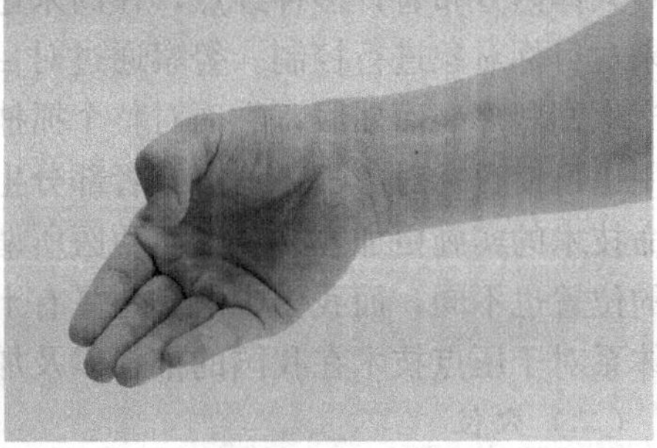

图 9—3

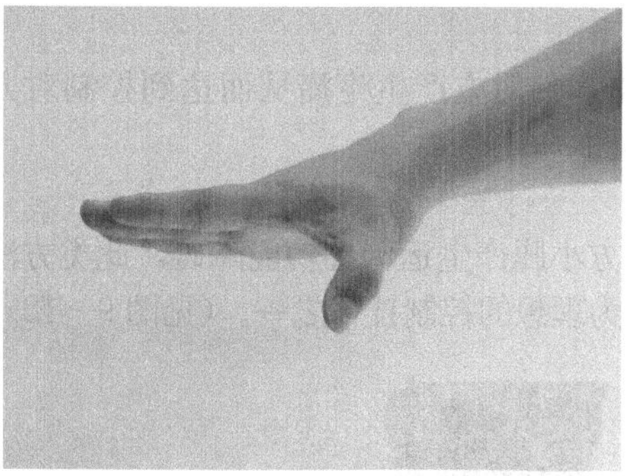

图 9—4

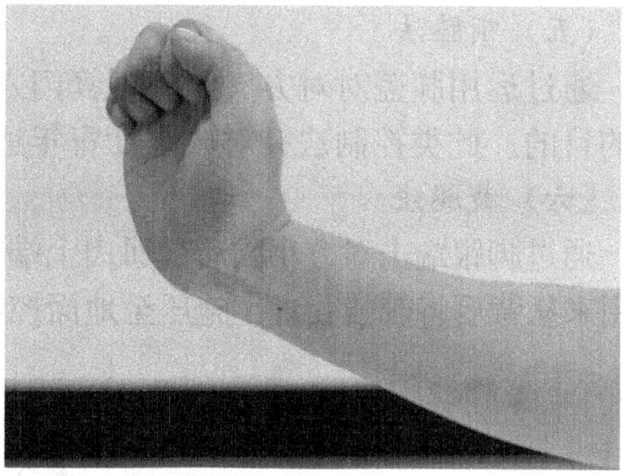

图 9—5

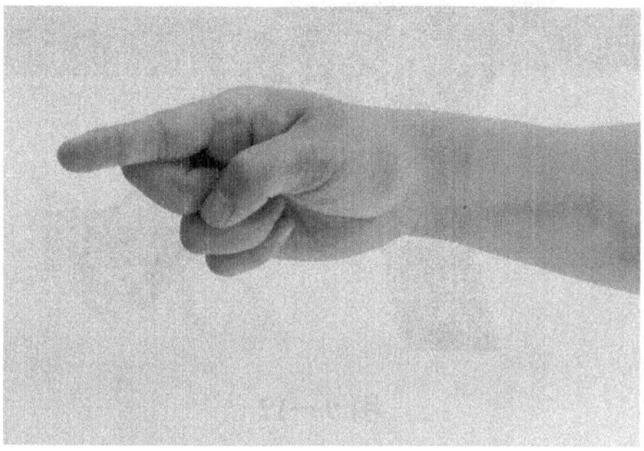

图 9—6

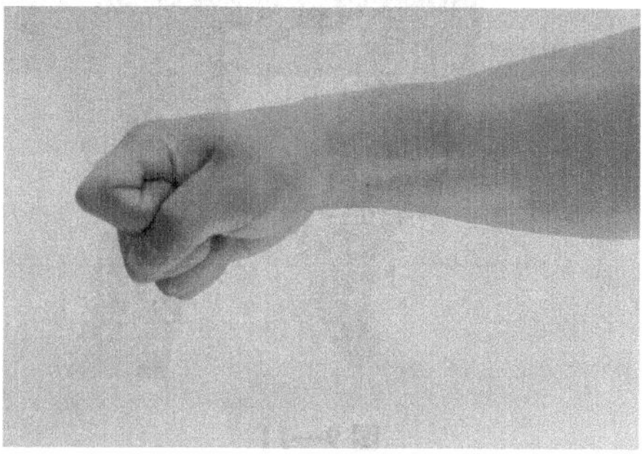

图 9—7

（三）抓抠法

通过运用指尖与虎口之力，抠住人体的穴位同时持续施压，达到制服对方的目的。此类控制手法控制效果较好，通常针对抓握执法人员的执法对象，可以达到让对方松开紧握的手的目的。(见图 9—8)

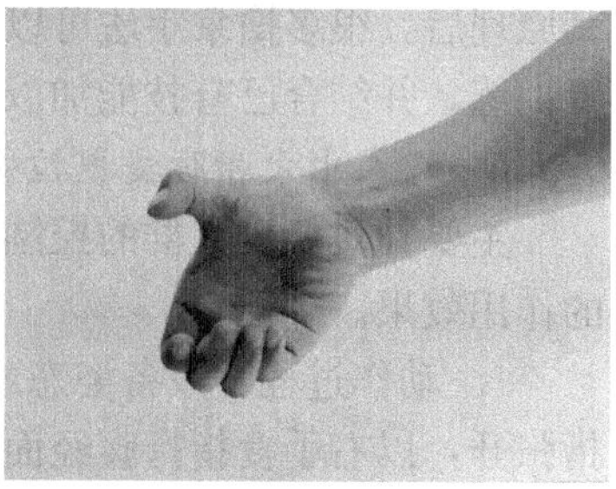

图 9—8

（四）小鱼际施压法

通过小鱼际对人体穴位施压或者敲击，达到让对方产生剧烈疼痛甚至暂时的功能运动障碍。此类控制手法可以从对方的后面向其施展，从而控制住对方。（见图 9—9，图 9—10)

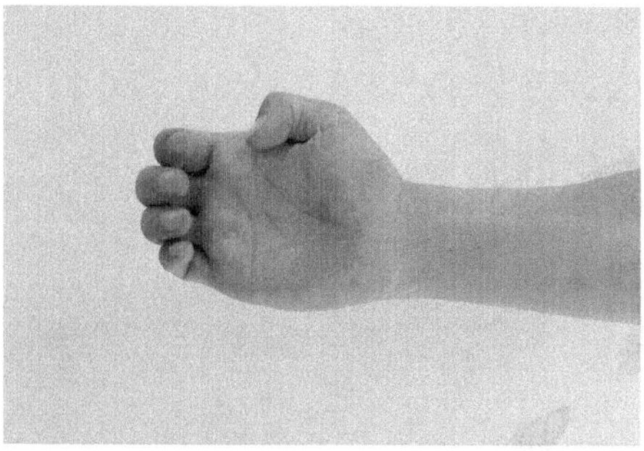

图 9—9

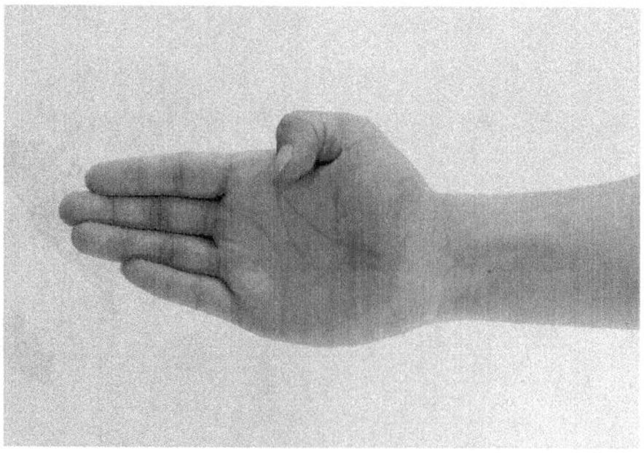

图 9—10

（五）顶膝法

通过运用膝盖对对方大腿外侧箕门穴进行顶击，使对方产生疼痛从而达到控制对方行动的目的。此类控制法针对较强壮青年适用。（见图 9—11）

（六）截腿法

通过脚跟踹击对方小腿后部肌肉上端，使得对方小腿产生运动性功能障碍，此类方法可以用来从背后将较强壮青年施压至地面控制，是较为理想的控制技术之一。（见图 9—12）

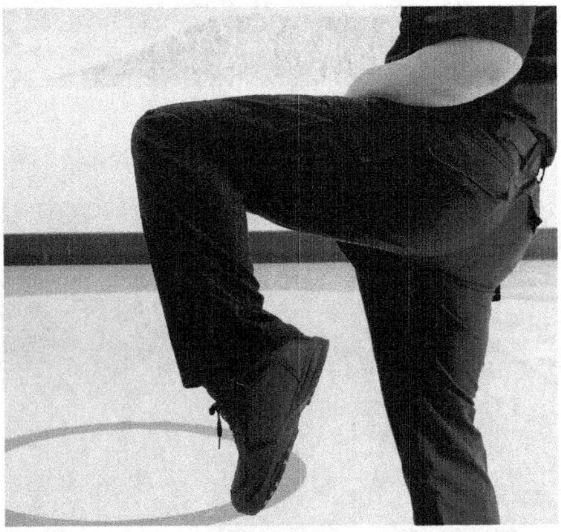

图 9—11

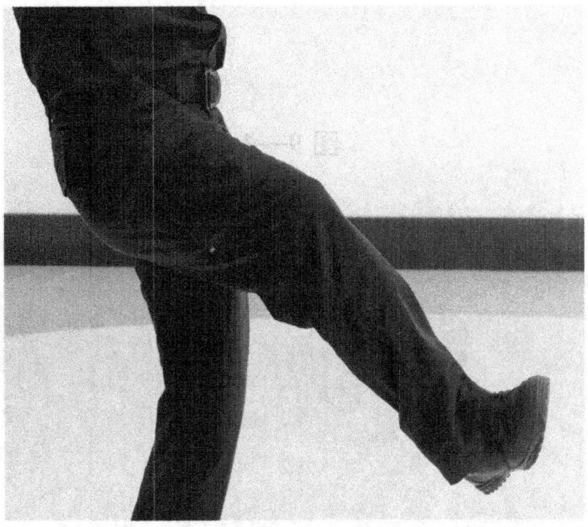

图 9—12

三、压点控制技术动作

压点控制技术不能照搬照抄，压点控制不但可以单独实施，也可以多人实施。在理解其原理后，很多擒拿手法可以用压点控制的手法加以辅助，因此，应加强对相关穴位的位置训练，并结合已有技能加以运用，从而达到最佳效果。

（一）人中穴指腹提抠控制

主要针对静坐人群的控制。控制后有中等到高程度的疼痛、眼睛流泪、低程度的眩晕的作用效果。

1. 动作过程：戒备姿态站立于对方身后，下蹲同时右手呈掌状，四指并拢微弯，拇指张开，以右手食指指腹经面部按压于人中穴同时上提，左手经头顶环抱对方头部辅助控制手法。（见图 9—13）

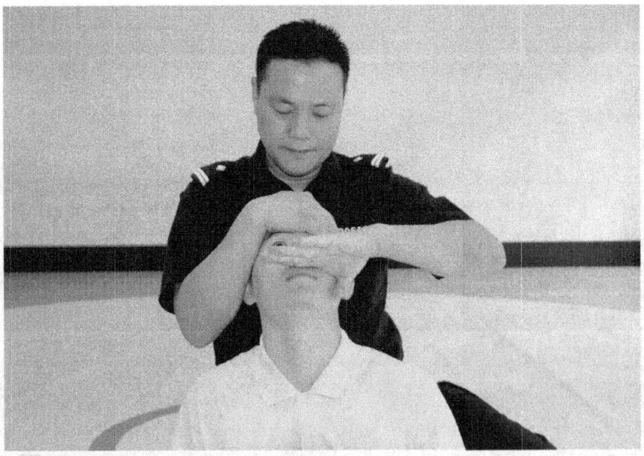

图 9—13

2. 注意事项：

（1）压力要以45°的角度向头顶施力。

（2）眶内神经压力点是所有压力点中最简单的位置，并且对于低程度的抵抗十分有效。最有效的按压方式是用中指或是食指按压，或者是结合下颌角神经使用。然而在使用眶内神经控制手法时要仔细观察受试者的鼻子是否被击伤或者是否服食可卡因。实验已经证明对这些受试者眶内神经控制手法没有明显效果。

（二）翳风穴指尖按压控制

按压手法主要针对静坐人群控制、冲刺法亦可针对消极反抗人群。控制后有中等到高程度的疼痛，立即表现出屈服的迹象，（可能）停止所有的有意肌肉运动的作用效果。

1. 动作过程：戒备姿态站立于对方身后，下蹲同时右手呈拳状，拇指伸出，左手经头顶环抱对方头部，右手用大拇指按压或冲刺翳风穴。（见图9—14）

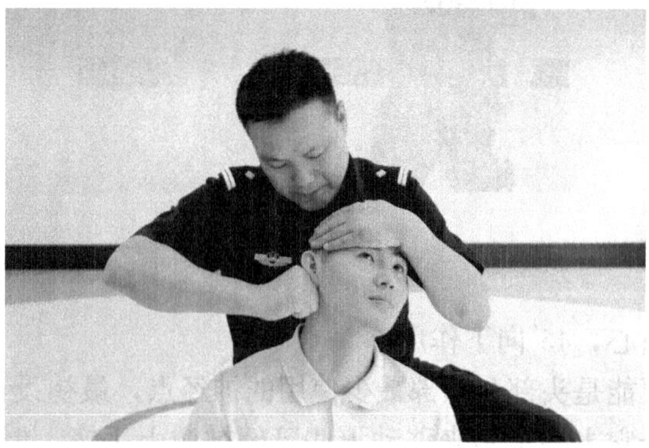

图9—14

2. 注意事项：

（1）按压应该施加在下颌骨和其乳突之间的耳垂的根基，向头部中心施力，方向略微朝向鼻角。

（2）下颌角是在压点控制系统是最可靠的压力点之一。当警员可以近距离接近对方时，这个压力点的有效性使得它对任何类型的抵抗都有效果。

（三）大迎穴指尖上抠控制

主要针对静坐示威人群，冲刺法亦可针对消极反抗人群。控制后有中等到高度的疼痛，立即屈服的迹象，终止所有肌肉活动，晕厥3～7秒。

1. 动作过程：戒备姿态站立于对方身后，下蹲同时左手呈立掌状，拇指分开微弯，左手环绕颈前包握下巴固定，右手掌面贴于面部同时拇指经下颚向上施力。（见图9—15）

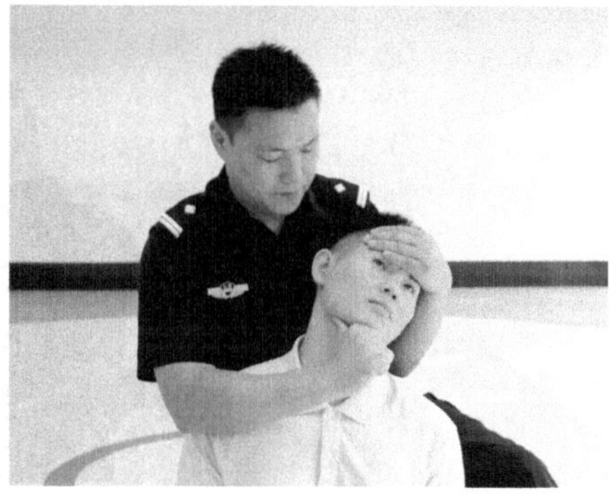

图9—15

2. 注意事项：

（1）施力方向应向上朝颅骨中心作用。

（2）在对抗静坐示威人群时，一旦对方出现屈服迹象要停止施压防止对方转变为积极抵抗。

（四）气舍穴指尖前戳控制

主要针对消极抵抗对方，亦可以针对积极干扰执法过程的个体。控制后，大脑立即反应停止所有肌肉活动意图，影响被控者的身体平衡，反射性的远离压力，低程度的眩晕的作用效果。

1. 动作过程：戒备姿势站立于对方面前，当对方抓握执法人员时伸出手臂向对方咽喉下方气舍穴戳去，使对方失去重心同时通过擒拿上前控制对象。（见图 9—16）

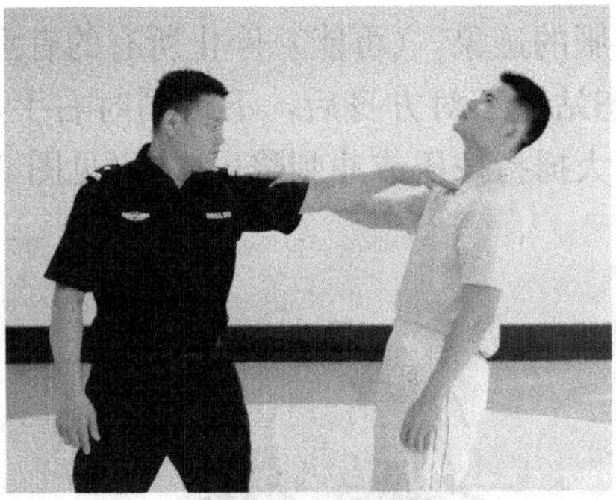

图 9—16

2. 注意事项：

（1）施力朝身体重心，45°向下作用。

（2）颈静脉切迹可能是头部和颈部最少使用的神经点，最初设计此点是作为翻领锁头技术的干扰动作。而今它主要是用来移动那些已经被戴上手铐，但是却消极抵抗的对方，主要用中指和食指施展技术。

（五）天柱穴指扣控制

主要针对消极抵抗对方，尤其适用于让对方产生晕厥。控制后有高度的疼痛，立即停止所有肌肉活动，（可能）致使胳膊暂时性的运动障碍，精神昏厥，持续大约 3～7 秒的作用效果。

1. 动作过程：戒备姿态站立于对方面前，右手呈掌状，上步左手抓握对方右臂，右手快速经体前伸向其颈部后用小鱼际面向颈部中心施压。（见图 9—17）

图 9—17

2. 注意事项：

（1）朝颈中心施力。

（2）臂丛神经的设计是为了创造出一些利用手背、掌根、或者是大拇指而控制对方的技术。同时此类技术也让警员产生对颈部防范的意识。

（六）肩井穴小鱼际施压控制

主要针对紧握物体或执法人员类对方。控制后有高度的疼痛，立即停止所有肌肉活动，（可能）致使胳膊暂时性的运动障碍，精神昏厥，持续大约 3～7 秒的作用效果。

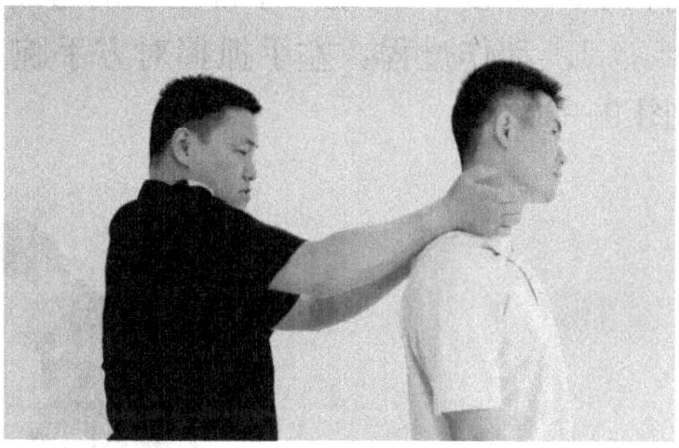

图 9—18

1. 动作过程：戒备姿态站立于对方身后，左手抓住对方左肩，右手呈掌于对方肩井穴下压。（见图 9—18）

2. 注意事项：

（1）垂直向肩部发力。

（2）这个特殊的神经点的设计是为了创造一个可以从背后制造运动功能障碍的技术，其最有效的效果是可以用以对付那些手持棍棒的对方，可以让对方松开另一个人或者是武器。

（七）中府穴施压控制

主要针对消极抵抗类对方，可使对方手臂临时产生运动功能障碍。控制后有强度的疼痛，临时运动功能障碍影响手臂和手，（可能的）使手臂肌肉收缩，眩晕持续 3～7 秒，手和手臂可能感到麻木和刺痛的作用效果。

1. 动作过程：呈低姿戒备，左手抓握对方右手手腕，右手从其腋下上扣至胸外侧，拇指、食指、中指三指指尖用力抠，或可使用大拇指指尖对中府穴进行连续的前戳。（见图 9—19）

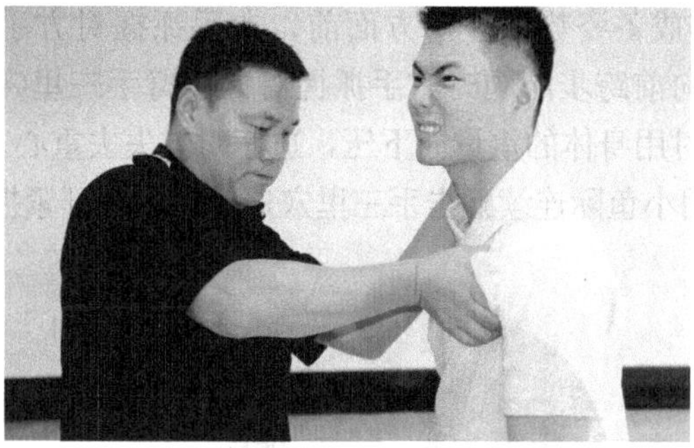

图 9—19

2. 注意事项：

（1）垂直于躯干发力。

（2）臂丛神经点的设计是为了创造出一种使肩部、手臂产生运动功能障碍或是徒手解除持械对方所持器械的技术。为了确保运动功能障碍的发生在实施此项技术时要对相应的神经点至少实施三次连续的施压。

(八) 少海穴指腹按压控制

主要针对消极抵抗类对方，按压对较强壮青年效果不明显，主要针对弱势群体。控制后有中高强度的疼痛，(可能的) 前臂肌肉抽筋，(可能的) 手部持续受到临时的运动功能障碍 3～7 秒，(可能) 手部生理的弯曲的作用效果。

1. 动作过程：左手抓握对方手腕，右手持握其前臂少海穴，用拇指指腹施压。(见图 9—20)

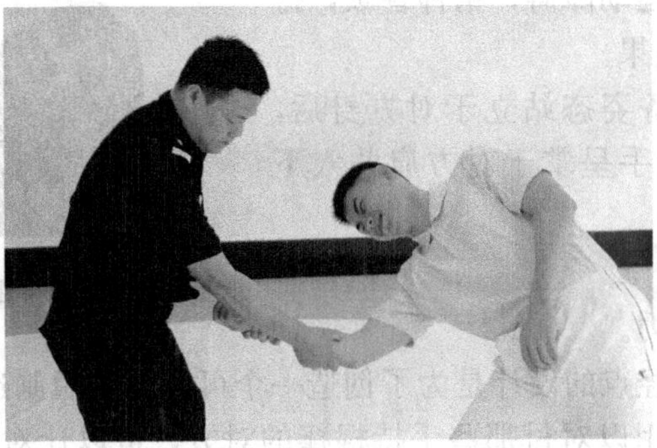

图 9—20

2. 注意事项：

(1) 向前臂中心施力。

(2) 在对较强壮青年执法时，桡正中神经仅被用作使用警棍时的一个打击点，早期对于此点的空手技术的尝试已经被证实不可靠。

(九) 手三里穴指尖按压控制

主要针对消极反抗类对方，尤其适用于使对方松开抓握的手。控制后有中等到高强度的疼痛，手和手臂产生运动功能障碍，(可能) 受作用的手产生弯曲的反射反应的作用效果。

1. 动作过程：低姿戒备姿势站立对方面前，左手抓握对方手腕，右手五指弯曲，四指并拢，虎口张开，在向前跨步的同时右手抓握对方前臂手三里穴位置，用大拇指指尖用力按压手三里穴位，同时用身体的重量向下压，迫使对方失去重心。在遇到轻微抵抗的对方时，亦可变右手为掌，用小鱼际连续猛击手三里穴迫使对方松开紧握的手。(见图 9—21)

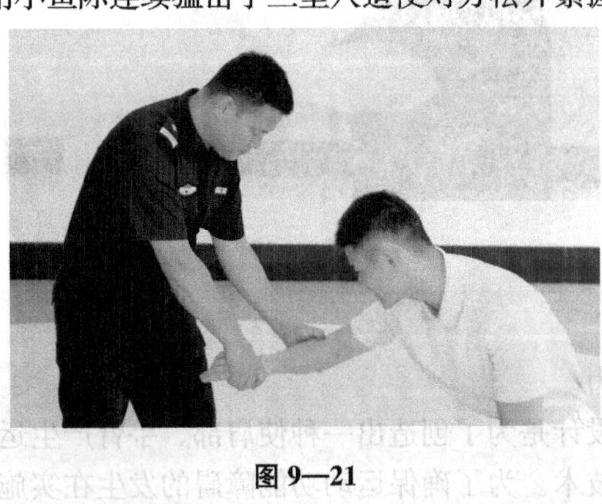

图 9—21

2. 注意事项：

(1) 朝前臂正中施力。

(2) 桡神经点的设计是为了让对方松开手持物品或是解除武装，当对桡神经点进行打击时，注意使用类似鞭打的技术。

(十) 箕门穴警顶击控制

主要针对消极抵抗类对方，以警棍实施此类技术也可针对较低武力冲突。

1. 动作过程：在遇到对方与执法人员纠缠在一起，抱住执法人员，并发生较低的身体对抗，可使用膝盖顶击对方箕门穴，若对方与执法人员发生暴力冲突，亦可用警棍连续少次击打对方箕门穴，致使对方产生疼痛和运动功能障碍，从而控制对方。(见图 9—22)

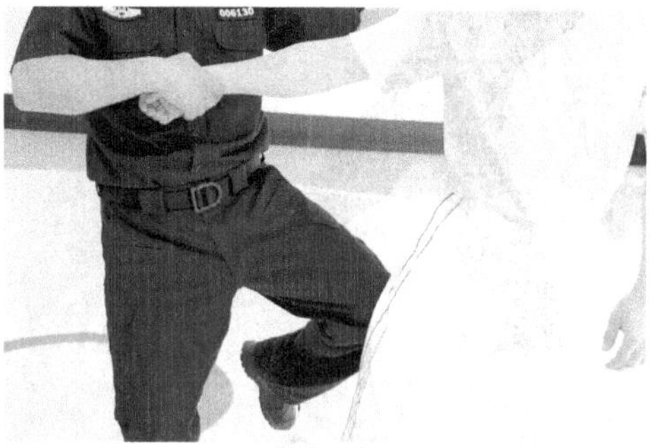

图 9—22

2. 注意事项：

(1) 施力应在大腿中间击打。

(2) 股神经是腿部三个压点控制的神经点之一，此点对于警棍和击打技术的使用十分有效，大约在腹股沟和膝盖之间一半的位置上，为了确保产生运动功能障碍的产生，在打击时要遵循连续的冲击波原则，即最少三次冲击。

(十一) 伏兔穴警膝顶控制

主要针对积极与执法人员发生身体接触甚至是对抗的对方。

1. 动作过程：呈低姿戒备，当对方对执法人员进行攻击时，向对方较前侧腿躲闪同时右手做格挡，左手伸出警棍向大腿伏兔穴击打。(见图 9—23)

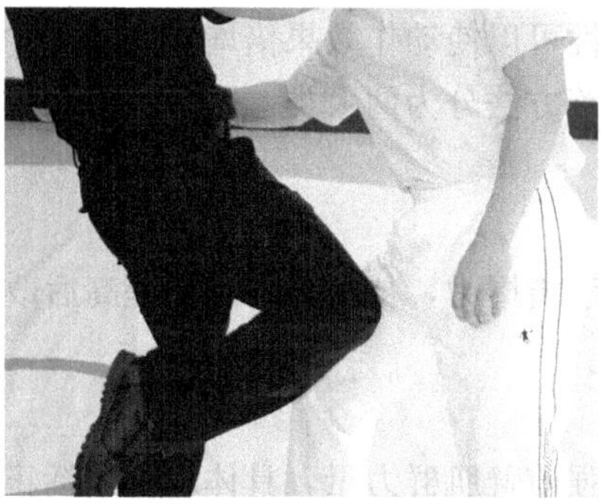

图 9—23

2. 注意事项：

(1) 施力应尽可能地接近坐骨神经和腓总神经的交叉点。

(2) 腓总神经点是腿上最容易接近的点，它位于大腿外缘使得它特别容易被警棍等警械所接触，但是因为大腿肌肉的厚实，因此注意运用技术时连续击打从而保证控制效果的产生。

(十二) 筑宾穴脚跟蹬控制

主要针对积极与执法人员发生身体接触甚至是对抗的对方。

1. 动作过程：此点位置相对人体较低，但当对方踢腿时用警棍击打该部位效果极佳。(见图 9—24)

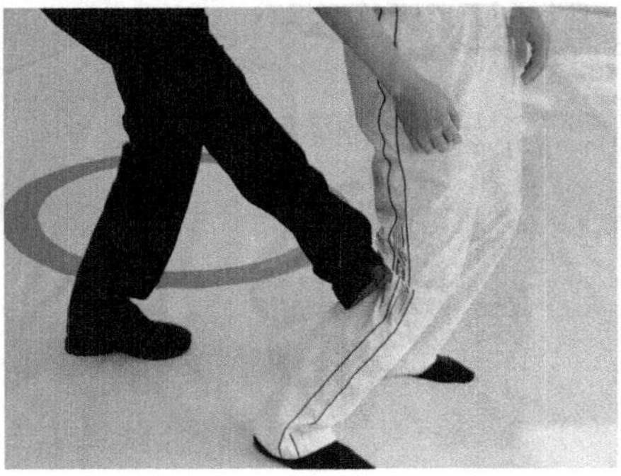

图 9—24

2. 注意事项：

(1) 所有的击打应该针对小腿后部肌肉，最好是在顶部。

(2) 胫骨神经运动点是腿部三个控制神经点中最有效的点，但是也是最难以接近的点，因为他在小腿后部肌肉的顶端。一般来说它只用于从后方接近目标并用警棍以倾斜的角度实施技术。与腿部的其他两个点一样，此点也遵循连续击打原则。

四、压点控制动作的辅助练习

由于压点控制是通过对对方的穴位施压从而使人体产生疼痛感和运动功能障碍，从而实施控制技能带离对方，因此压点控制动作的辅助训练方法应针对前臂肌群特别是握力的训练，同时由于穴位的精确性可以使动作效果倍增，因而对学员穴位的熟悉训练也十分重要，压点控制动作的辅助训练方法分为两大类。

(一) 前臂肌群训练

1. 握力训练

首先可通过握力器训练手指握力，待握力有较大提高后改为指握撑，更有甚者可进行十指倒立撑使握力得到提高。

2. 前臂肌群训练

通过哑铃或杠铃训练增强前臂肌群力量，具体动作包括正握腕弯举、反握腕弯举、卷重、负重旋内、旋外、杠铃背后腕弯举等动作来加强前臂肌群力量。

3. 上臂肌群训练

通过直立杠铃弯举、交替哑铃弯举、斜托杠铃弯举等弯举类动作增加肱二头肌力量；通过仰卧杠铃臂屈伸、仰卧哑铃臂屈伸、颈后单臂哑铃臂屈伸、颈后双臂持单哑铃的臂屈伸等臂屈伸类动作增加肱三头肌力量；通过颈前杠铃推举、颈后杠铃推举增加肩部力量。

（二）技术动作训练

1. 单人训练法

通过学习相关压点控制穴位位置理论知识，在自体或是他人身体各部位熟悉压点控制位置极其实施手法，这是压点控制训练的基础。

2. 多人训练法

在熟悉压点控制穴位位置、手法后两人或多人组合，按照不同的人体姿势、反抗程度等实施压点控制动作，训练由易到难，由静止到运动，由配合到消极反抗，逐渐贴近实战，达到练为战的目的。

第十章　徒手对抗技术

学习内容：本章节主要学习擒拿与解脱技术，摔后与控制技术，二对一抓控技术，三对一抓控技术四大部分内容。

学习要求：反复练习，熟练掌握，灵活应用。

案例回放：2002 年 4 月 5 日，巡警张某与同事接到指令，到某县捉拿一涉嫌故意伤害罪的犯罪嫌疑人。在执行公务过程中，由于对方哥哥吴某阻拦，对方脱逃。于是张某与同事一道将吴某绑住双手押上警车。在开车追赶到对方后，张某欲解开绑在吴某身上的绳子，但吴某不配合，张某就朝其右腹部猛踢一脚，致其肝脏破裂，构成重伤。同年 7 月，该县人民检察院对张某立案侦查。2003 年 1 月 5 日，法院对张某作出了有罪判决。

案例分析：警察应根据嫌疑人的对抗行为使用相应的强制手段，警察权的实施要适度。本案中嫌疑人的行为属于消极对抗，即用行为阻碍警察执法但不危及任何人，警察宜采用温和的控制或自我方保护手段。例如，使用擒拿技术，控制后强行带离或使用压点控制等。本案中警察的强制手段过当。

第一节　擒拿与解脱技术

一、擒拿技术

擒拿技术是以击打、掐拿其要害部位，以抓经拿脉、分筋错骨为主要手段，融踢、打、摔、拿为一体，以巧取胜的一项技术。擒拿技术是一项综合性技术，在武术运动中属于上乘功夫，是一项非常实用和难掌握的技术。擒拿技术分为四大部分：一是擒拿基本功；二是擒拿基本技术；三是应用擒拿技术；四是对付器械的擒拿技术。

（一）缠腕技术

1. 动作过程：当对方用右手抓住我方右手腕时，我方以左手扣抓住对方右手背，以右手掌小鱼际外侧向对方右手腕部缠切；同时转体，使其手腕回折，随后右手扣压、卷切其腕和小臂，使其疼痛被控制。（见图 10—1，图 10—2，图 10—3，图 10—4）

图 10—1

图 10—2

图 10—3

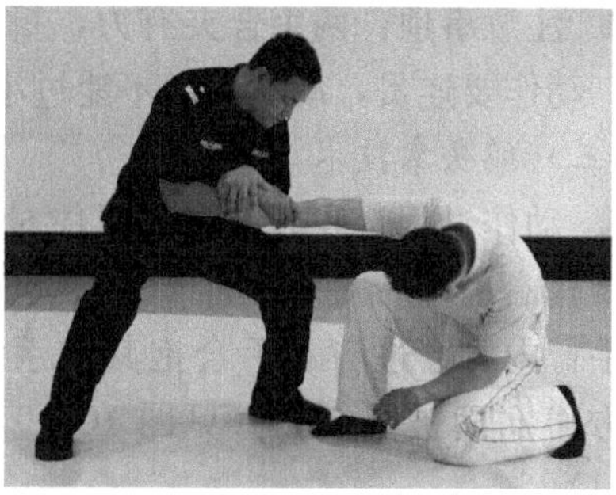

图 10—4

2. 注意事项：扣抓有力，钻、缠、裹、切动作要连贯，以身带动。如果扣抓无力，缠不到位，可练习基本功钻腕加以纠正。切忌双手臂过于伸直，没有以身带动。

（二）外掰技术

1. 动作过程：当对方用右手抓住我方右手腕时，我方以左手扣抓住对方右手背，随之右手臂做缠绕解脱，同时以双手合抓其右手；两手拇指按压其指根；两手小指外侧卡住其腕部，折其手腕并向左转体外旋，使其倒地被控制。（见图 10—5，图 10—6，图 10—7，图 10—8）

图 10—5

图 10—6

图 10—7

图 10—8

2. 注意事项：两手合夹有力，折腕外掰与转体要同时，动作要连贯，动作幅度不能过小。

（三）鹅头拿技术

1. 动作过程：我方以右手抓住对方右手腕，以左手拉带其右肘，折叠其右小臂并折腕，随之左手由对方右手臂内侧穿过与右手合抱其右手背折腕下压。造成对方疼痛而被控制。（见图 10—9，图 10—10，图 10—11）

2. 注意事项：拉肘要折腕，合抱要合一。切忌拉肘没折腕，动作不连贯，合抱力不集中。

图 10—9

图 10—10

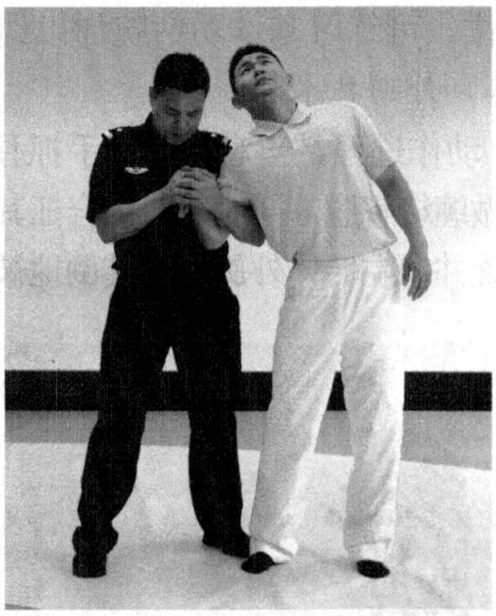

图 10—11

（四）盘肘技术

1. 动作过程：当对方用右手抓住我方左手腕时，我方以右手扣抓住对方右手背，随之以左肘紧贴其右小臂做滚动，使其右肘尖向上并盘压，继而被控制。（见图 10—12，图 10—13，图 10—14）

图 10—12

图 10—13

图 10—14

2. 注意事项：扣抓有力，盘滚紧贴其臂。切忌盘滚不到位，盘压没贴实，动作不连贯，身手不相合。

（五）别肘技术

1. 动作过程：我方以左手内旋推抓对方右手腕；右手内旋按压其右肘，随之右转体以右手搂其右肘窝搬提上翻；左手推挤其小臂并上穿至右肩，同时上左步身体重心前移并挤压其手臂，使其被控制。（见图 10—15，图 10—16，图 10—17）。

图 10—15

图 10—16

图 10—17

2. 注意事项：提、翻、推、挤、转体动作要连贯，手脚要协调一致。切忌提、翻、推、挤动作不齐全，动作不连贯，身体前压不够，没有抱紧其手臂。

（六）锁喉技术

1. 动作过程：我方以左手抓住对方右手臂；以右手挂带其右大臂；两手同时向我方身体右侧掳带，随后左手由其身后；头颈左侧穿过，以左手臂圈锁其头颈。迫使其重心向后倒，继而被控制。（见图 10—18，图 10—19，图 10—20，图 10—21）

图 10—18

图 10—19

图 10—20

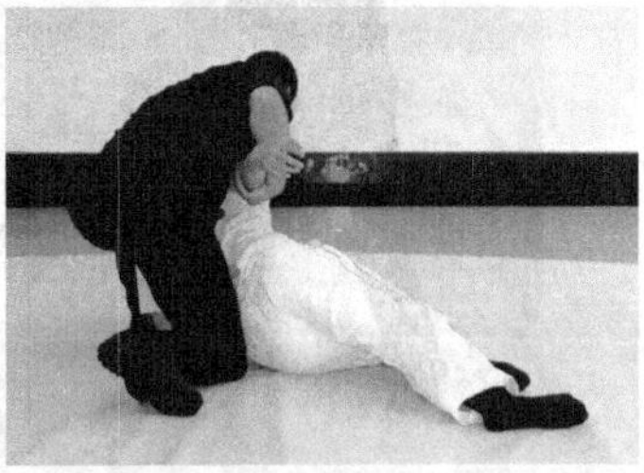

图 10—21

2. 注意事项：动作要连贯，搒臂与锁喉力相反且相合。切忌搒臂不协调，手臂没有夹紧，圈锁不到位，锁喉松弛。

二、解脱技术

解脱技术是擒拿技术的一部分，解脱与擒拿共存于技术之中。在防卫与控制技术中，解脱是防卫，擒拿是控制。解脱技术在擒拿技术中起着非常重要的作用。

（一）抓腕解脱技术

1. 动作过程：当对方用右（左）手抓握住我方右手腕时；我方以右（左）手向下、向外划弧做缠绕；迫使对方右（左）手松开，从而解脱。（见图 10—22，图 10—23，图 10—24，图 10—25）

图 10—22

图 10—23

图 10—24

图 10—25

2. 注意事项：要以虎口和腕部为支点，动作要协调连贯。切忌缠绕和支点掌握不好，动作不惯，做缠绕解脱时，缠绕和支点没有靠近自己身体。

（二）由后臂下抱腰解脱技术

1. 动作过程：当对方由背后从臂下将我方拦腰抱住时；我方立即前腑腰，用左手按压并抓住对方左膝盖处，将身体大部分重量落在此处。此时，我方迅速向右移动双脚并将左脚置于其右腿之后；随即左手搂住其左膝；右手搂住其右膝；将其双脚提离地面。如果对方已松手，则将其头猛烈撞击地面；如果对方仍抱住不松手，则顺势将其头朝地面猛撞。（见图 10—26，图 10—27，图 10—28，图 10—29）

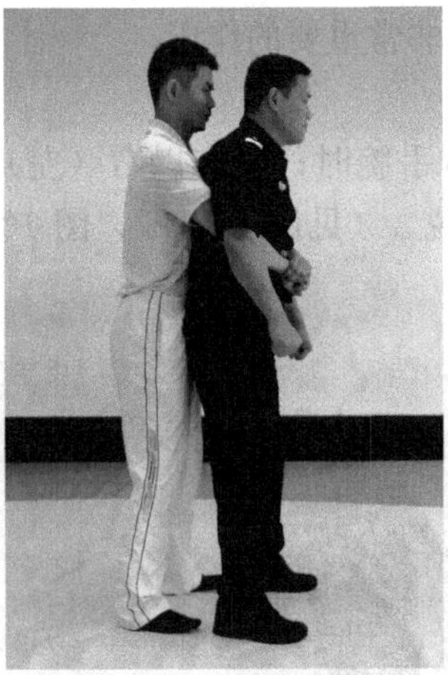

图 10—26

图 10—27

图 10—28

图 10—29

2. 注意事项：按压左膝盖要有力，移动双脚要快，提离其双脚时，离地面越高越好。切忌腑腰不到位，按压无力，双脚移动过慢，提离其双脚无力。

（三）由后连臂搂抱解脱技术

1. 动作过程：当对方由背后将我方身体连同双臂牢牢抱住时，我方即以脚踩其脚背或踢其小腿，双臂猛然向前抬起，肘与肩平，同时，双膝弯曲，身体重心降低，随之身体略向右转，并以右肘猛击其肋部，这时对方即会松抱，紧接着以右手抓住其右肘上方部位，左手抓住其右手腕，将其从头顶摔下。（见图 10—30，图 10—31，图 10—32，图 10—33）

图 10—30

图 10—31

图 10—32

图 10—33

2. 注意事项：双臂抬起与重心下降要同时、快速，转体打肘要迅猛。切忌双臂抬起无力，重心没有降低，挎臂抓握其右手臂时动作不协调。

（四）由后单臂锁喉解脱技术

1. 动作过程：当对方由背后用右手臂锁喉时，我方应以左手扣抓住其小臂，向下拉，同时将下颚紧收胸前，使其难以卡住喉咙，右手则抓住其右肩，以臀部顶撞其腰腹部，迅速前腑腰和挺腿，将其从头顶摔下。（见图 10—34，图 10—35，图 10—36）

图 10—34

图 10—35

图 10—36

2. 注意事项：双手抓握其小臂要牢固，蹬腿、挺膝、挑臀要协调有力。切忌抓握其小臂不牢固，造成其卡住喉咙，蹬腿、挺膝、挑臀无力，没有挑打动作。

三、辅助练习

钻腕：两人侧平行，方向相反，两脚平行并分开站立，间隔同肩宽，双手握拳置于腰间。对方以里侧手抓住我方里侧手腕，我方被抓手屈肘，肘下沉，拳上钻，同时小臂内旋，以手向外扣抓对方手腕并下振抓住其手腕。然后对方以同样的方法扣抓我方的手腕，以此循环做练习。

第二节　摔后与控制技术

一、切别摔后控制技术

1. 动作过程：当对方倒地后，我方以左手臂夹住其右手臂，右手按压其左肩臂，形成左弓步。随之以左手推挤其右肘，右手抱住其右肘窝部位，左膝跪在其头颈部，右膝跪在其右肋部，同时向前做顶髋，双手紧抱其右手臂推挤其右肩，使其被控制。（见图 10—37，图 10—38）

图 10—37

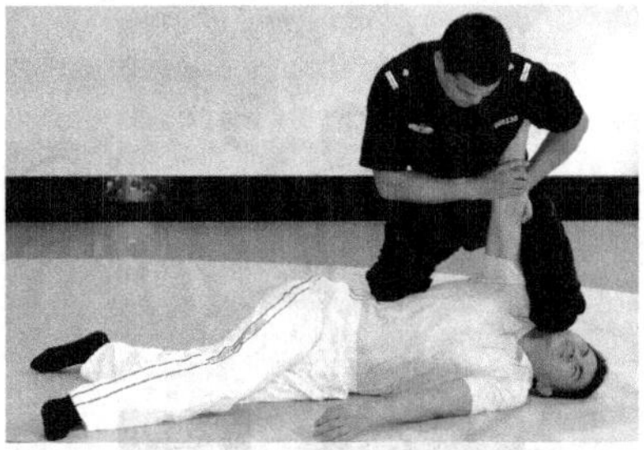

图 10—38

2. 注意事项：紧夹其臂，推挤挺髋，下跪上提，劲力合一。切忌抱夹臂不紧，没有挺髋下跪，身体过于前压而失去重心。

二、外掰摔后控制技术

1. 动作过程：外掰拿倒地后，我方双手紧握其右手，以右脚顺时针划弧置对方左肩颈部，以作为支点，随之左脚向前迈一大步，双手紧握其右手向左下方拉带其手臂。这时，迫使对方向左翻转身体，形成俯卧姿势，然后双手紧握其右手，顺时针拧其手臂并折腕，向右转体，同时以左膝跪其右肩部，使其被控制。（见图 10—39，图 10—40，图 10—41，图 10—42）

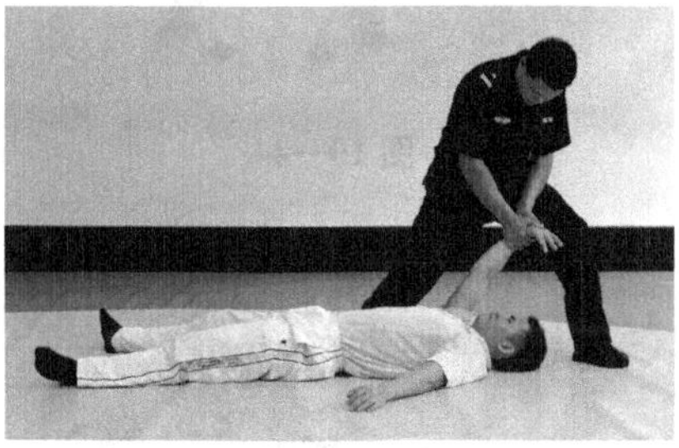

图 10—39

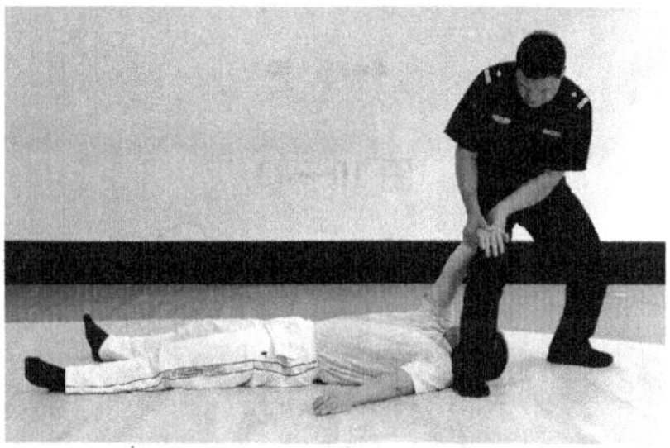

图 10—40

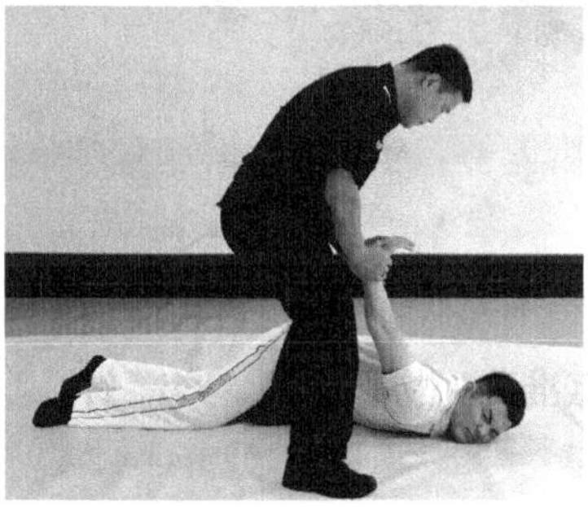

图 10—41

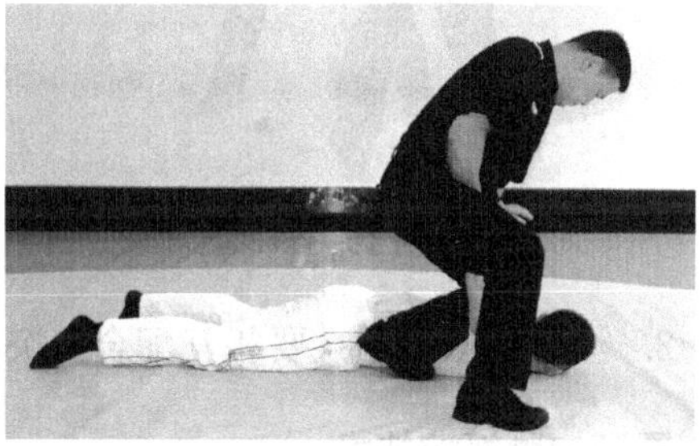

图 10—42

2. 注意事项：动作连贯，顺势而行，支点要准，降低拉带，拧、折、顶要合一。切忌双手抓握不到位，控制失效，手脚不合，动作不连贯。

三、辅助练习

撞腕：两人面对弓左腿，左手虎口向内掐住自己的左膝部。我方以右手掌和对方右手掌相对抓握，向里拧转对方手臂，对方感觉疼痛后，随之身体右转，右肘上提化解疼痛。然后以同样的方法向里拧转我方的手臂，以此循环做练习。

第三节　二对一抓控技术

一、抱腰锁头抓控技术

1. 动作过程：两人从后接近对方，第一控制人将对方身体连同双臂牢牢抱住，第二控制人由侧后圈锁其头颈，迫使其重心向前而倒地，同时，第一控制人将其一只手臂的肩、肘、腕控制住，进行上铐、搜身、带离现场。（见图 10—43，图 10—44，图 10—45，图 10—46）

图 10—43

图 10—44

图 10—45

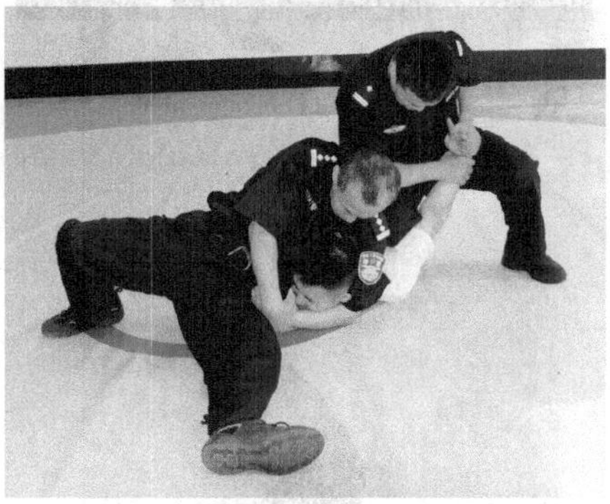

图 10—46

2. 注意事项：两人要相互配合，突击迅猛，压点准确，协调一致。

二、圈颈抱腰抓控技术

1. 动作过程：两人一前一后接近对方，第一控制人由后将对方身体连同双臂牢牢抱住，第二控制人由前以右（左）手臂圈锁其头颈，下压、向后拉带，迫使其重心向前倒地，第一控制人迅速控制其双臂，在对方无法反抗的情况下，进行上铐、搜身、带离现场。（见图 10—47，图 10—48，图 10—49，图 10—50）

图 10—47

图 10—48

图 10—49

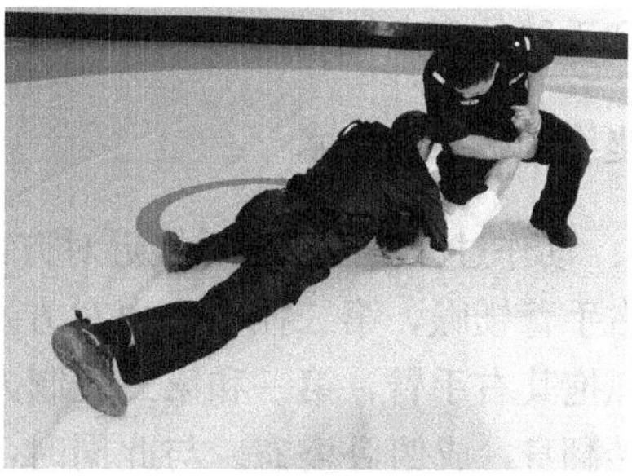

图 10—50

2．注意事项：压点控制要在其腰髋部、双手臂和头部。

三、辅助练习

上下锤：两人侧平行，方向相反，两脚平行并分开站立，间隔同肩宽，双手握拳置于腰间。两人同时以里侧拳向下、向后、向上、向前做逆时针直臂轮转，与对方手臂轮转相交磕碰，随之，再顺时针反臂轮转，360 度反臂磕碰，之后迅速下蹲反臂向下、向后相交磕碰。然后两人一进一退换手臂进行练习，以此循环做练习。

第四节　三对一抓控技术

一、抱双腿扑摔抓控技术

1．动作过程：三人从后接近对方，第一控制人冲抱其双腿，迫使其重心向前而倒地，随后第二和第三控制人迅速控制对方的头和手臂，要注意有效的压点控制。然后进行上铐、搜身、带离现场。(见图 10—51，图 10—52，图 10—53，图 10—54)

图 10—51

图 10—52

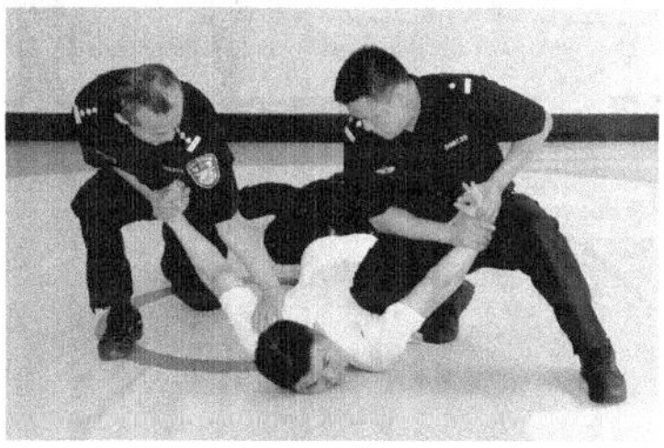

图 10—53

图 10—54

2. 注意事项：第一控制人扑压控制点要在其双膝和腰髋部，第二和第三控制人要注意头和手臂的压点控制。

二、坐姿锁喉抓控技术

1. 动作过程：三人从后接近对方，第一控制人由后以右手臂锁喉，第二控制人由对方左侧贴近，以双手臂抓抱其右手臂，第一和第二控制人同时将对方向左拧转翻身，成俯卧姿态。与此同时，第三控制人迅速扑压对方的双腿，三人形成先后协调的压点控制后，进行上铐、搜身、带离现场。（见图 10—55，图 10—56，图 10—57，图 10—58，图 10—59）

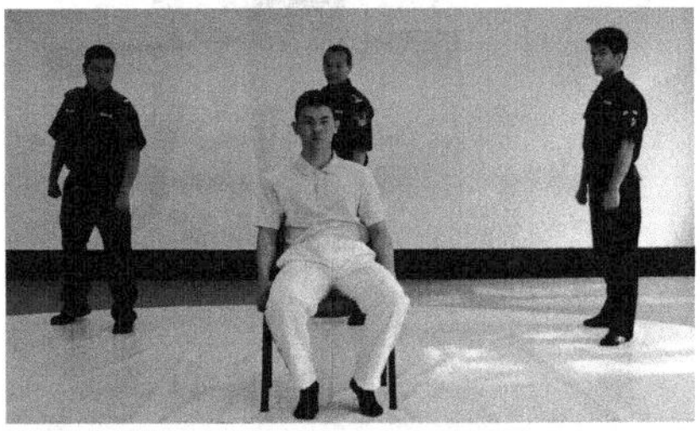

图 10—55

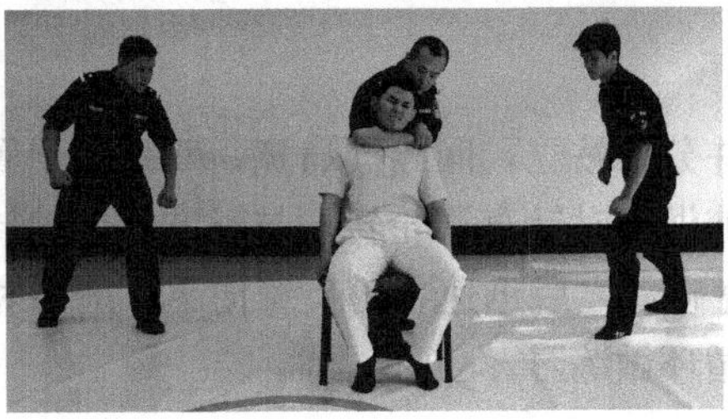

图 10—56

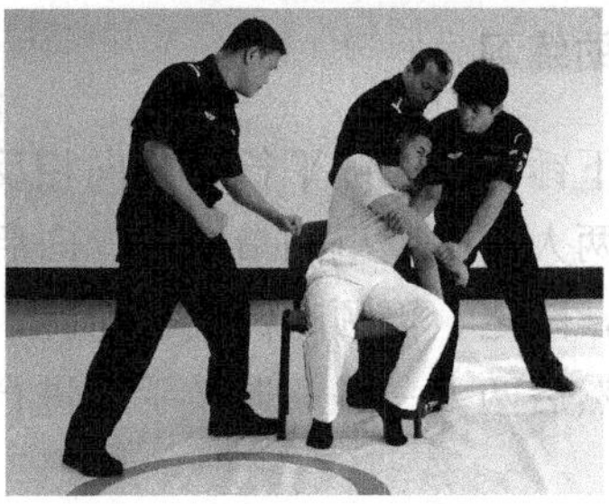

图 10—57

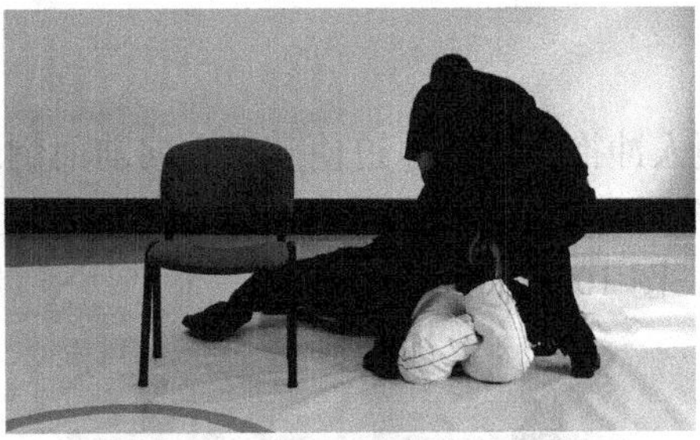

图 10—58

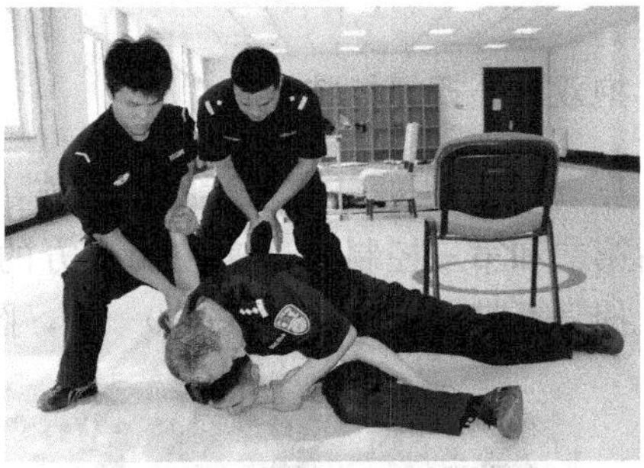

图 10—59

2. 注意事项：要有先后协调的合作，形成先后协调的控制点，三人要形成一个有效的控制体。

三、卧姿扑压抓控技术

1. 动作过程：对方成仰卧姿态。三控制人依次接近对方，第一控制人扑压以右手控制对方右手，以左手臂控制对方头颈部，第二和第三控制人依次跟进控制对方的手臂和双腿，使对方成腑卧姿势，锁定对方各个关节，上铐、搜身、带离。（见图 10—60，图 10—61，图 10—62，

图 10—60

图 10—63，图 10—64）

图 10—61

图 10—62

图 10—63

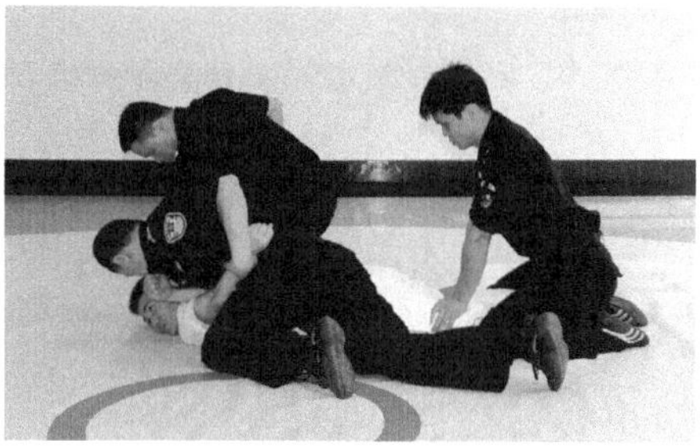

图 10—64

2. 注意事项：要有先后协调的合作，形成先后协调的控制点，三人要形成一个有效的控制体。

四、辅助练习

拗势锤：两人面对弓左腿，双手握拳置于腰间。同时以右手臂逆时针向前、向上直臂轮转，与对方手臂轮转相交磕碰，随之，再顺时针反臂轮转，360°反臂磕碰，之后，右手收回握拳置于腰间。再同时以左手手臂顺时针向前、向上直臂轮转，与对方手臂轮转相交磕碰，随之，再逆时针反臂轮转，360°反臂磕碰，之后，一方以双手臂向前轮劈，同时以右脚撩踢其胸腹，另一方退左步，以右手掌向下拍击其右脚面，之后，形成两人面对弓右腿，双手握拳置于腰间。左右以此循环做练习。

第三部分

警械使用与控制

第十一章　单警装备介绍

学习内容：本章节主要了解常见单警装备的作用、结构、性能和保养，装备的注意事项，以及单警每一项装备的基础使用方法。

学习要求：充分理解并掌握各个装备的功能以及保养方法。

案例回放：依法使用警械武器是法律赋予人民警察的一项特殊权利，是打击犯罪的有效手段之一。但在现实中，基层民警在临战状态下放弃使用警械武器，导致警察的权威与之暴力受限，民警伤亡率居高不下。2013 年 8 月 18 日，安徽蚌埠一超市内一 17 岁女孩，被网恋男友抓扯后当着两名民警的面残忍捅死，凶手自残。两名民警也因处置不当而被追责。

案例评析：此案例中两位当事民警在犯罪嫌疑人连续行凶时，没有及时采取有效措施制止犯罪行为，做事不够果断，判断不是很准，其最主要原因是，两位民警接警时缺乏必要的预案机制，未佩戴相应的警械武器，如果持有相应的武器，歹徒不会如此放肆。

第一节　单警装备的类型和配备

公安单警装备是指公安机关中各警种警察在执勤、执法等工作中所佩带的个人基本装备，它们具有救援、防御、制约、控制、破坏、杀伤、通信、联络等基本功能。

一、单警装备种类

公安部《公安单警装备配备标准》规定了 15 种基本的配备装备，其中“必须配备”类单警装备有：警服、警棍、手铐、催泪喷射器、强光手电、警用制式刀具、警用水壶、急救包、防割手套以及多功能腰带等；“选择配备”类单警装备有：枪支、对讲机、警务通、防刺服以及警用装备包等。装备里没有配备警绳，而是用约束带取代，根据实际需要在此章节中做了介绍。

单警装备按照其功能的不同又可以分为六类。

（一）标志性装备

主要是人民警察的普通制服。它代表着国家的权力并象征着职业身份。

（二）制服性装备

它是民警在执勤过程中用于制约、控制和约束违法犯罪嫌疑人的系列装备。主要包括枪支、警棍、手铐、催泪喷射器等。

（三）应急性装备

它是民警在执勤活动中用于应对突发的伤害性意外事件或者抢险、救助等紧急情况的应急性装备。包括强光手电、警用制式刀具和急救包等。

（四）防护性装备

它是民警的防护性装备，用以防护和保障自身人身安全。包括防割手套、防刺服等。

（五）通信类装备

它是民警用以保障互相联络以及与指挥员通信联络顺畅的通信装备。包括对讲机和警务通等。

（六）辅助性装备

辅助装载、装配各种警用装备和满足民警执勤活动中饮水需要的辅助性装备。包括多功能腰带、警用装备包和警用水壶等。

二、配备标准

公安单警装备的配备有严格的规则与要求，单警装备的配备标准。（见表 11—1）

表 11—1　　公安单警装备配备标准表

序号	配备项目	计量单位	配备数量	配备类型	说明
1	警服	套/人	见说明	必配	按《公安机关人民警察制式服装及其标志供应管理办法》配备
2	警棍	根/人	1/1	必配	
3	手铐	副/人	1/1	必配	
4	催泪喷射器	只/人	1/1	必配	
5	强光手电	只/人	1/1	必配	
6	警用制式刀具	把/人	1/1	必配	具有刀、锯、锉、剪、锤（可砸碎汽车玻璃实施紧急救助）、改锥、指南针等进攻、制服、自卫、紧急救助多项功能
7	警用水壶	个/人	1/1	必配	
8	急救包	个/人	1/1	必配	用于紧急救护。装有止血药物、止血绷带、硝酸甘油等急救用品与药物
9	多功能腰带	条/人	1/1	必配	用于挂带对讲机、警务通、枪支、手铐、警棍、强光手电、催泪喷射剂、警用制式刀具等装备
10	枪支	支/人	见说明	选配	按《公务用枪配备办法》及有关规定配备
11	对讲机	部/人	1/1	选配	可配备耳麦
12	警务通	部/人	1/1	选配	具有数据库查询功能。经济发达地区可选具有手机、数码相机和卫星定位等多功能的警务通

第二节　警用多功能腰带佩带

一、佩带的顺序

单警装备的佩带要保证便于取放和依据任务实际需要，按选用的基本要求进行佩带。下面以佩带自动手枪的右手为例，从左至右的顺序为：手铐包、对讲机、强光手电、警务通或急救包、警用水壶、警棍（伸缩）、手枪套、催泪喷射器等。如果携带警用制式刀具，其位置在警务通和手枪套之间；如果携带弹夹一般放在手铐包前，即左边的第一位置。（见图 11—1）

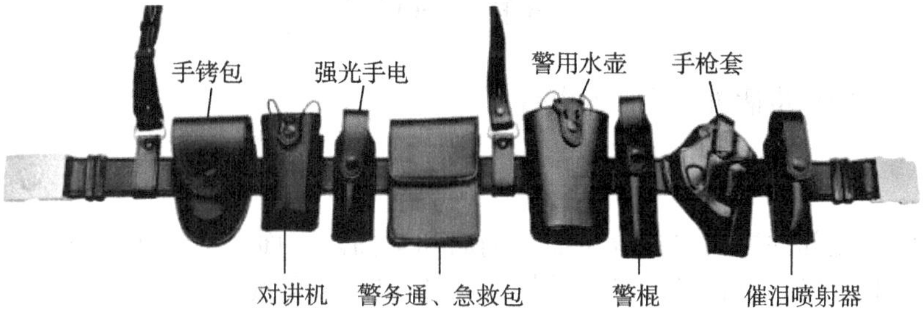

图 11—1

二、佩带的部位

手铐佩带位置是正后腰位，警棍和手枪分别佩带的位置是正左侧位和正右侧位，弹匣和催泪喷射器分别佩带于左腹前位和右腹前位，警用水壶和急救包（或多功能包）分别佩带于左后腰处和右后腰处，强光手电佩带于左侧警棍后，对讲机佩带于左侧强光手电后（见图 11—1）。若佩带转轮手枪，将快速装弹器佩带于右腹前位置，进而将催泪喷射器佩带于左腹前位置，其他设备位置不变。

第三节　警用手铐

手铐是限制违法犯罪嫌疑人活动自由的器械，主要有三种，即链式手铐、板式手铐和塑料手铐，现在使用较为广泛的是链式手铐。（见图 11—2）

图 11—2

一、结构

链式手铐由铐环、铐链、铐梁、保险锁、卡锁、钥匙孔、钥匙七大部分构成。

二、保养

1. 不用时不要经常空锁，以防锁件磨损，缩短使用寿命。
2. 暂时不用时，可涂油保存，注意防潮、防锈。
3. 长期不用时，要定期注油，保持机械零件润滑。
4. 存放时应选择通风、干燥、周边无化学品和腐蚀性气体的库房。

第四节　对讲机

无线对讲机别称步话机、手台或电台。

一、结构

对讲机的功能部件构成主要分正面、侧面和背面。正面：信道选择旋钮、电源开关/音量旋钮、(MIC) 状态指示灯、显示屏、编程接口、菜单键、返回键、摘机键、拆线键、导航键、键盘和喇叭。侧面和背面：GPS 一体化天线、报警键、功率切换、皮带夹扣、PPT 通话键、可编程键和锂电池。(见图 11—3)

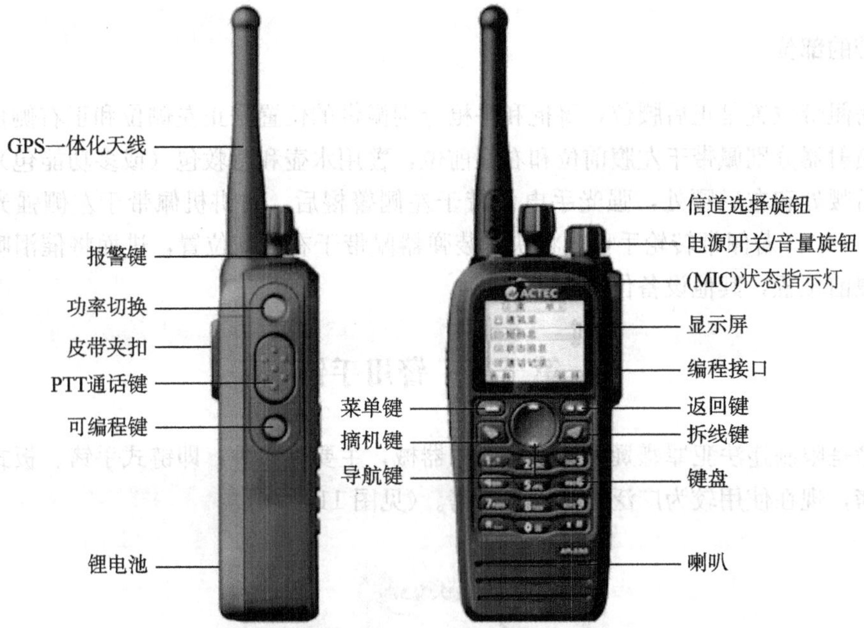

图 11—3

二、操作规范

基本操作方法。首次使用对讲机之前，应仔细阅读操作说明书，掌握基本操作方法。

（一）按住 PPT 键对准喇叭讲话来呼叫对方，松开 PPT 键即可接受对方话音。如果按下 PPT 键讲话时，发现本机的指示灯闪红灯并发出警告音，说明电池没电，需要立刻更换电池。

（二）使对讲机发射时保持垂直，保持话筒与嘴部 2.5～5cm 的距离。发射时，对讲机距离头部或身体至少 2.5cm。如果将手持对讲机携带在身体上，天线距离人体至少 2.5cm。

（三）使用过程中不要进行多次开机、关机的动作，同时把音量调到适合自己听觉的音量。

三、操作要求

（一）了解整个通信系统的结构、功能各基站的覆盖范围。

（二）了解并熟记主要无线调度台、值班总台以及队组其他成员的对讲机呼号。

（三）了解并熟记自己的对讲机具有的呼叫功能和工作频道。

（四）在每次呼叫之前，应该检查频道（通话组）选择旋转按钮和它的开关（或使用按键在显示屏上选择），确认它的准确频道（通话组）。

（五）操作期间，最好确保天线和地面垂直，以达到良好的收发性能，根据通话的效果调整位置或方向。

（六）使用单工或半双工对讲机，一次发射时间不应过长，否则对方会因不习惯操作而插话。接收时释放 PPT 键。

（七）禁止占用无线信道交流与警务工作无关的事情。

四、安全保密

（一）警用无线通信保密的重要性。无线电通信是通过无线电波传播信息的，保密性不强。警用无线电设备的管理和使用人员，应严格执行国家无线电保密的相关规定，防止泄密事件的发生。

（二）警用无线通信保密须知。加强对无线电管理、使用人员的保密教育，制定具体的保密措施。在没有无线电保密设备或者没有采取可靠保密措施的情况下，无线电通信内容不得涉及国家机密。警用无线通信工作中应使用密码、代码、代号及密语。

五、勤务规范

在警用无线通信勤务中，应该遵循以下原则。

（一）先主后次，先急后缓

在通信业务的处理上必须做到先主后次、先急后缓、先全局后局部、先上级后下级。网络管理员、调度台操作员应该根据事件的性质分类，确保无线信道为最紧急最重要的警务工作服务。

（二）顾全大局，密切合作

各业务单位要树立全局观念，服从指挥、主动配合、密切协作，共同保障无线通信的畅通。

（三）严守机密，保证安全

严格执行保密约定，防止泄密。

（四）用语标准准确，简练规范

通信时，若不是必要情况，必须使用普通话，力争简洁清楚、表意准确、一问一答、语速中等，还应该在话语结束时有明确的结束词。

六、注意事项

（一）安全使用

在近爆破区和雷管所在区域前，须先关闭对讲机，以免引起可能的爆炸，除非对讲机是经过特殊处理的。不要在潜在爆炸的环境下更换电池或充电。安装和拆卸电池时可能会引起触电火花并导致爆炸。

（二）天线使用

天线只能使用原装或认可的天线。未经认可的天线，经改装或增添附件的天线可能会损坏对讲机或违反信息产业部无线电管理局的规定。在使用时，要用手去拿天线，更不要拎着天线将对讲机甩来甩去；对讲机天线不能随意拧下，否则在发射时容易把功率管（功放）烧坏；不要使用损坏的天线，否则在发射时，若损坏的天线接触皮肤，就极可能会引起轻微的灼伤。

（三）电池使用

电池应该使用原配或认可的电池。如果金属导体如珠宝首饰、钥匙或珠链触及电池的裸露电极，所有电池都可能引起破坏或对人身造成伤害。请小心对待已经充好电的电池，尤其是当将它装入口袋、皮夹或其他有金属的容器时，应该特别注意和小心。电池充电应在 5℃～40℃的环境中进行，如果超过此温度的范围，电池寿命会受到影响，同时会充不满电池的容量。

第五节　强光手电

强光手电是具有照明、自卫、控制功能的器械。

一、结构

强光手电主要由灯头（镜片、灯泡等）、筒身（握柄）、尾盖、电池、开关充电组合等部件构成。（见图 11—4）

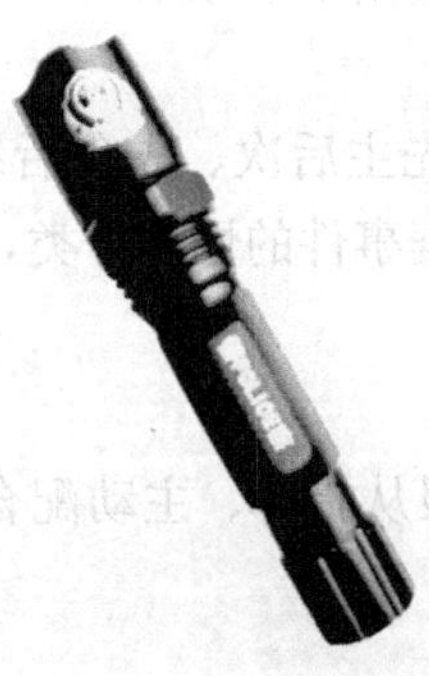

图 11—4

二、保养

（一）每次使用后用干净的软布进行擦拭。

（二）在沾染海水或有腐蚀性液体时要及时用清水冲洗，并晾干。

（三）不使用时应将电池取出，放在阴凉处保存。

（四）手电筒所配置的充电电池，若长期不使用，建议每半年充电一次。

三、注意事项

（一）使用手电筒时首先要检查电池是否有电，灯泡是否完好，开关活动是否顺畅，各光档是否有效。

（二）查看手电筒外观（反光杯）上有无破损，尾盖的防水圈是否完好。

（三）使用强光灯档时不要将光线直射入人的眼睛，较强的光线会对眼睛造成永久性伤害。

（四）灯头不要随意拆卸，以免造成灯头组件及镜头的损坏。

（五）禁止将废弃的锂电池丢入火中，锂电池属可回收物品，请按照规范正确处理废旧电池。

第六节　警用急救包

民警在执行警务时，当遇到他人或自己受伤，抑或突发冠心病、心绞痛等疾病时，警用急救包可用于现场急救。（见图 11—5）

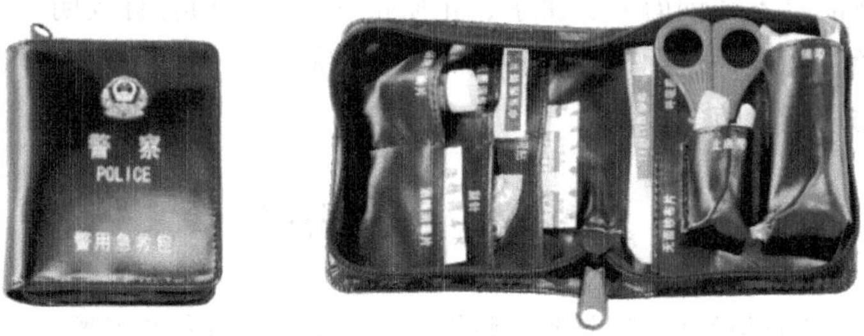

图 11—5

一、结构

警用急救包采用皮革或防水尼龙布制作，体积小，质量轻，安全可靠，实用性强，由包体、内装药品和器械组成。急救包的颜色为黑色，正面印有银色警徽图案和银色的“警察”、“急救包”或“警用急救包”中文字样，以及“POLICE”英文字样。

二、包内物品的种类及功能

警用急救包内配置消菌纱布、创可贴、75%酒精棉片、绷带、剪刀、止血带、人工呼

吸隔膜等急救物品。(见表 11—2)

表 11—2　　　　　　　　　　警用急救包内物品的种类及功能

序号	物品种类	数量	规格	功能
1	外伤敷料	1包	9cm	用于擦伤、烧伤等外伤急救
2	三角巾	1套		适用于创伤包扎及烧伤急救
3	弹性绷带	1卷		用于包扎
4	消菌纱布	1包		包扎敷料
5	75%酒精棉片	6片		消毒用
6	胶带	1卷		用于粘贴敷料
7	止血带	1根		用于四肢动脉出血的止血带
8	创可贴	10片		用于小的皮外伤
9	乳胶手套	1副		防止感染、预防病毒、细菌传播
10	人工呼吸隔膜	1个		避免疾病传播
11	不锈钢剪刀	1把		裁剪敷料等
12	不锈钢镊子	1把		夹出皮肤异物等
13	笔	1支		记录上止血带时间等
14	根据执行任务的具体情况自配药品			

三、维护及管理

(一) 包内物品除不锈钢剪刀、镊子、止血带外，其余均有有效期。

(二) 专人负责管理，定期检查、补充、更换物品。

(三) 储存时应避光防潮。

第七节　伸缩警棍

警棍是用于防护控制的棍式器械。目前单警装备配备的是伸缩警棍，伸缩警棍可用于格挡、劈击及别压等动作，对聚众闹事、斗殴能进行有效制止和驱散，并能有效地保护民警的人身安全。

一、结构

伸缩警棍主要由端盖、卡簧（磁力端坐）、握柄（含握把套）、中管、前管以及球头组成。(见图 11—6)

二、伸缩原理

(一) 伸缩警棍

利用惯性将中管和前管甩出，靠圆锥面的巨大摩擦力将各节管锁住。

图 11—6

（二）回收警棍

将警棍垂直向下磕于硬质地面或物体上。端盖的磁铁将中、前管定在握柄内。

三、保养

（一）每次使用后用干净的软布进行擦拭。

（二）当粘上海水或有腐蚀性液体时，应注意及时用清水清洗，并用干净的软布擦拭，保持棍身洁净。

（三）应存放在通风、干燥的地方，远离化学品及腐蚀性气体，长期不用时应涂抹防锈油。

（四）应定期对警棍进行清洁，确保使用顺畅。

第八节　手枪

一、“九二”式手枪介绍

QSZ92S 式 9 毫米手枪（简称 92 式手枪）采用了便于左右手操作的弹匣扣保险，弹匣容弹量大、口径大，准星和缺口设置大并设有荧光点，设有弹堂指示针，内部设有击针保险和跌落保险（只要不扣动扳机，枪受到撞击或不慎跌落地上，击锤解脱回击，击锤不会击打在击针上面形成爆破走火，从而保证枪的安全），以及单动和联动功能。（见图 11—7）

图 11—7

二、擦拭保养

擦拭保养流程：枪械分解用碱性剂或热水，沾在刷子上，擦拭枪膛与枪管，清理残渣和污垢，用布条擦干；薄薄涂上一层枪油，所有受火药气体腐蚀的地方和最容易受磨损的部件都要擦拭；再重新抹油；枪械表面用碱性溶液来清洁并抹油。具体方法如下。

（一）对没有射击的枪械清洁与擦拭

1. 擦拭枪之前，应分解枪支并准备好相关的用具。

2. 擦拭枪膛时，先在通条孔内穿上布条，然后用枪管后端插入枪膛。

3. 沿枪膛全长来回擦拭，擦净后再上油。

4. 擦拭其他部件时，应先擦净表面的烟渣和污垢，对孔、槽、沟等细小部位，可用刷子刷，或者用木（竹）签缠上布条进行擦拭，然后薄薄地涂上一层枪油。

（二）对射击后枪械清洁与擦拭

1. 应用浸透枪油或碱水（肥皂水）的布擦净烟渣、污垢。

2. 再用干布擦干净。

3. 最后再按1的方法进行重复擦拭。

（三）特殊情况下对枪械清洁与擦拭

枪遇有盐水（海水），或遭受毒剂和放射性物质的侵蚀后，应先用淡水冲洗干净后再擦拭上油。(具体方法同上)

三、性能检查

（一）将枪指向安全的方向，检查弹膛是否有子弹（验枪）。

（二）检查枪身表面是否有裂痕、生锈或损坏（在没有将枪涂上过量的枪油时）。

（三）卸下套筒，检查弹膛、枪管内是否有过量的油垢、裂痕或阻塞物。

（四）检查抓弹钩机簧是否完整，确保抓弹钩没有污垢或阻塞物。

（五）确保弹匣卡笋稳定，确保弹匣能顺利装卸。

（六）检查击锤和击针是否能正常运动，要特别注意防止击针锈死，并仔细检查击针是否断裂。

（七）扣动扳机，看清击针是否能够正常穿过击针孔，并检查击针槽内的击针簧是否完好，有无污垢。

（八）检查保险是否正常，关上保险，利用扳机检查保险能否发挥作用，仔细检查保险的内部顶杆是否损坏，以确保安全。

第九节　催泪喷射器

催泪喷射器是供民警在执行公务时，快速制止执法相对人违法犯罪行为以及进行及时有效防身与自卫的器械。

一、结构

催泪喷射器呈圆柱形，主要由罐体、阀体、溶剂带、喷嘴、喷射剂（催泪剂）、保险

盖构成，开关为按压式，向下按压即可进行喷射。（见图 11—8）

图11—8

二、催泪剂刺激机理及作用效果

（一）催泪剂刺激机理

当前我国警用催泪喷射器，多用 CS 为催泪喷射剂，但 OC 近年来也被越来越多的使用；CS 属于化学制剂，而 OC 的主要成分是从红辣椒中提炼的辣椒素。CS 和 OC 这两种催泪剂比较如下。（见表 11—3）

表 11—3　　CS 与 OC（Oleoresin Capsicum）比较表

CS	OC（Oleoresin Capsicum）
（邻氯苯亚甲基丙二腈）	（辣椒素）
化学物质	天然物质
刺激剂	炎性媒体
眼睛和呼吸道以及神经系统的触觉细胞引起痛楚	令接触的皮肤、黏膜红热肿痛
3～7 秒	1～2 秒
对受酒精和药物影响的人收效低或无效	对受酒精和药物影响的人同样有效

衡量催泪剂对人体刺激程度有一个参数为“不可耐浓度”。以 CS 为例，CS 的不可耐浓度为 $3mg/m^3$。当人体吸入 CS 的浓度达到 $0.05mg/m^3$ 时，就会产生刺激的感觉；当浓度达到 $1\sim5mg/m^3$ 时，就会让人产生不可忍耐的感觉；当 CS 浓度与人员停留时间的积达到 $15mg \cdot min/m^3$ 时，会导致人员半数失能；当 CS 浓度与时间的积达到 $6\ 100mg \cdot min/m^3$ 时，就会使人员半数致死。人所吸入的催泪剂浓度越大，时间越长，对人体的刺激作用就越明显。

（二）作用效果

CS 或 OC 与人员身体接触后会产生以下作用：

1. 接触后皮肤产生被烧的灼热、疼痛的感觉，尤其是出汗湿润的身体部位。
2. 接触后双眼感觉刺痛、流泪甚至无法睁眼，失去方向感。
3. 口鼻吸入溶剂后，会导致黏膜肿胀、咳嗽、流鼻涕，呼吸道有疼痛发炎的感觉，胸闷、呼吸急促并出现短暂性的呼吸困难，欲语不能。

三、保养

（一）常温库存，严禁与易燃、易爆品混放。

（二）使用后应进行清洁，保护盖回位，存放于干燥通风处，注意防潮、向上、小心轻放，远离腐蚀源。

（三）使用时应先注意使用年限。

第十节 警用刀具

警用制式刀具是一种多功能的救援工具，同时具有一定的攻击性。它具有刺、砍、割、锯、剪、碎玻璃等多项功能，并有止血带、弹弓、磨刀石、螺丝刀头等辅助部件，标有统一编号。

一、结构

（一）刀体结构

从左至右排序，有上刀刃、下刀刃、剪切刃、剪刀定位孔、锯齿刃、锯齿、护手、刀柄、碎玻璃器和尾帽。（见图 11—9）

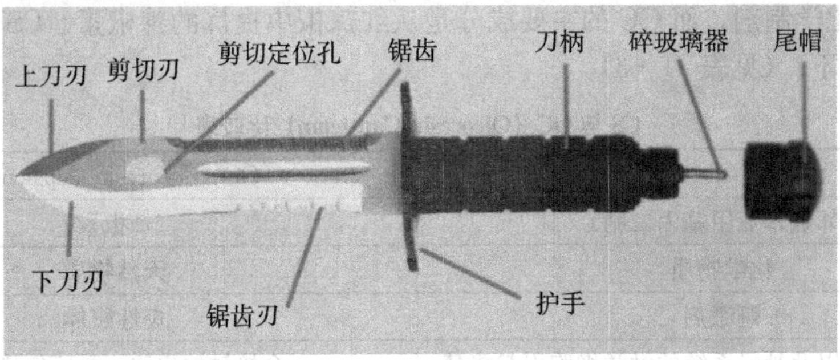

图 11—9

（二）刀鞘正面

从左至右排序，有六方连接头/六方螺丝刀、剪口、剪切定位轴、弹弓、刀体固定带和带扣。（见图 11—10）

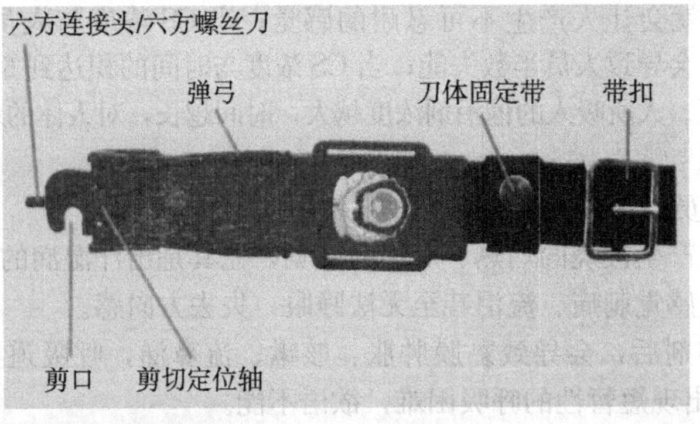

图 11—10

（三）刀鞘背面

从左至右排序，有止血带、磨刀石和螺丝刀头及卡扣、后盖。（见图 11—11）

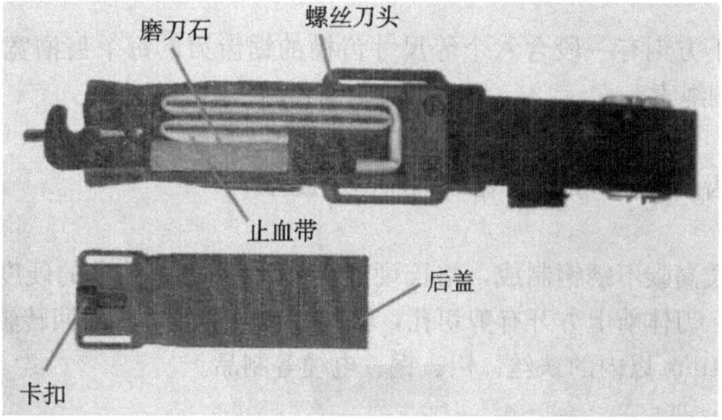

图 11—11

（四）配置附件

主要是附件包。从左至右排序，有弹弓皮兜、别针、线坠、创可贴、钓鱼线、手术刀和鱼钩。（见图 11—12）

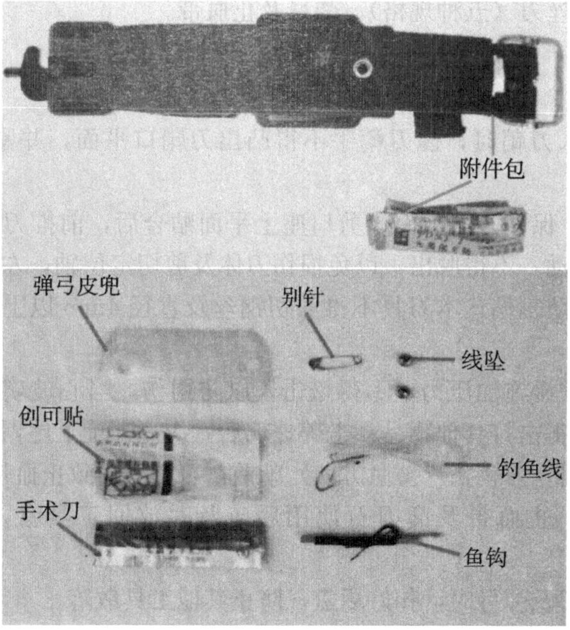

图 11—12

二、功能

（一）刺

能刺穿 1mm 厚低碳钢板。

（二）砍

能砍断直径 30mm 杂木。

（三）割

刀尖下刃的下方刻有一段含六个等尺寸齿槽的锯齿刃，每个齿槽宽 5mm，锯齿刃全长 30mm，利于割绳索。

（四）锯

刀背上的锯齿全长 73mm，可锯断钢筋、木板等。

（五）剪

刀身采用优质高碳不锈钢制成，洛氏硬度 HRC54～58，较高的硬度保证了刀刃的锋利及剪切的性能，刀体前上方开有剪切孔，将其套在刀削剪口座的回转轴上与剪切刃口配合，可剪断直径 4mm 以内的铁丝、铝、铜、电缆等制品。

（六）挑

刀尖两侧均开刃，刀尖上刃长 50mm，刀尖下刃略有弧度，刀尖的这种设计使其具有良好的挑的功能。

（七）碎玻璃

能击碎 8mm 厚的钢化玻璃 200 次。

（八）其他

具有多功能的螺丝刀（五种规格）、弹弓及止血带。

三、注意事项

（一）刀具出、入刀鞘时，握刀鞘手不得凸出刀鞘口平面，并紧握刀鞘，避免滑脱，以防划伤。

（二）剪铁丝时，保证刀体下面和剪口座上平面贴合后，前推刀体到位，使二者能够牢固扣和并能灵活转动，不得脱出，以免损伤刀体及剪切定位轴，左手握紧刀鞘上端的圆弧部，远离刀刃，以防割伤；本刀具不得剪切钢丝及直径 4mm 以上的铁丝，否则会损伤不可修复。

（三）碎玻璃时缓慢施加压力，不得敲击，以防划伤，当心玻璃飞溅伤人，破玻璃器仅用于击碎玻璃，不得击打其他物品；击碎玻璃后，应立即旋上尾帽，以防丢失。

（四）使用弹弓时，刀鞘正（警徽方向）朝前，否则会导致止血带断裂。

（五）螺丝刀头、止血带及磨刀石使用后应及时放回工具盒，并扣好后盖，以免丢失。

（六）使用螺丝刀及弹弓时，扣好后盖，防止其他工具散落。

（七）应联系专业人员对损伤刀具进行维修。

四、保养

（一）经常检查刀具各机件是否完好，尤其是即将使用的功能机件。

（二）查看刀鞘外观及佩戴部件是否有破损，防止佩戴时脱落。

（三）携带刀具时，将刀鞘插入鞘中，避免划伤；扣紧刀体固定带，避免刀具滑落到地面引起刀口碰伤。

（四）锯割钢筋、铝板后，应及时清除金属残渣，避免锈蚀。

（五）经常检查刀体表面，定期用软布蘸防锈油擦拭刀体及剪口座，保持刀体的清洁及刀刃锋利。

第十一节　警绳

一、结构

警绳采用高强度纤维尼龙编织而成，黑色，长 5 米，统一装备的约束性警械。（见图 11—13）

图 11—13

二、功能

用警绳来制服、捆绑犯罪嫌疑人是控制其行为的一种有效方法，也是在临时看管或押解途中防止犯罪嫌疑人逃跑的一种重要手段。捆绑犯罪嫌疑人除了使用警绳外，在紧急情况下，还可以利用皮带、领带、鞋带、毛巾、布条、电线等物品进行暂时性捆绑。

三、保养

绳子不用时，及时放进警绳带里；勿靠近火源或置于太阳暴晒的地方。

第十二节　警用水壶

一、结构

警用水壶（保温）由壶体、壶塞和壶盖构成。壶体为不锈钢双层无尾真空结构，壶口为圆弧口，深蓝色。（见图 11—14）

二、功能

（一）警用水壶有不变形、体积小、重量轻、容量大、保温效果好的特点。

（二）警用水壶的壶口为圆弧处理，口接触面安全舒适；水壶的壶体采用超轻弹性设计，挤压碰撞壶身后可迅速恢复原形，方便携带。

图 11—14

三、保养

（一）使用时旋开壶盖，再扳动旋塞拨杆，即可将水倒入壶盖饮用；使用完毕后手扳拨杆复原。

（二）如果冷饮，使用时旋开壶盖，可再旋开旋塞直接饮用；也可用上述方法。

（三）使用前应将水壶清洗干净，内胆最好用开水清洗两次；清洗时应使用软布，切勿用钢丝球等硬物来清洗水壶内外表面。

（四）注水时，水面应低于密封筋以下 5mm，以免盖上壶旋塞后热水溢出烫伤皮肤或污染其他用品。

（五）勿将壶盖及壶塞置于高温（>100℃）环境中消毒，以免造成变形。

（六）勿装碳酸类饮料。

（七）不要将壶体与硬物碰撞。

第十二章　手铐的使用

学习内容：熟悉手铐使用的法律依据，了解手铐的结构与性能，熟练掌握上铐的方法。

训练要求：熟练掌握基本上铐技能，并与其他控制手段综合应用。

案例回放：2001 年 9 月，某市市民刘某入住蔡某宾馆与朋友叙旧。晚 11 时许，房间突然闯进几名男子，在未出示任何证件的情况下要求刘某等人出示身份证。刘某当时未带身份证，同时房间里的其他三人证明了刘的身份。但来人不听解释，将刘某按倒并戴上手铐，然后拉到派出所对刘搜身、罚站并拳打脚踢，直到 17 个小时后才释放。后刘某多次和公安局交涉未果，于 2001 年 10 月 9 日提起行政诉讼，要求该县公安局向自己赔礼道歉、恢复名誉并赔偿医药费。

案例评析：被告公安局工作人员传唤刘某到公安机关接受审查是其法定职责，但原告的行为尚未达到需要使用械具强制传唤的程度，被告方给原告使用警械不符合《中华人民共和国人民警察使用警械和武器条例》有关规定，属具体行政行为违法，应赔偿因使用警械不当给原告造成伤害的医疗费用。

第一节　手铐的使用目的和佩戴

一、手铐使用的目的

手铐是人民警察最常用的约束性警戒，使用手铐的目的在于在拘捕犯罪对方的过程中，通过约束被拷者的上肢控制犯罪对方，限制其活动能力，防止其逃跑或反抗，从而确保对方的安全以及保护警察自身或其他人的安全。目前，公安民警装备的手铐多为链铐，结构简单、操作方便、容易上手。手铐的使用技能常常与控制动作相结合，有些民警忽视对手铐技能的训练，没有牢固掌握综合使用手铐的技能，以致在实战中出现各种问题。所以在平时训练中应熟练掌握手铐技术，才能更好地发挥作用。

二、手铐的佩戴

手铐一般装在手铐套内，佩戴在身体的正后方，便于左右手取放。(见图 12—1)

图 12—1

三、手铐的取握法

（一）动作过程：目视前方，根据情况，可使用左手或者右手打开手铐套，取出手铐。应握稳铐体与连接链，铐环的朝向要根据上拷的动作来定。（见图 12—2）

图 12—2

（二）注意事项：手铐装在手铐套内，可以铐环向下，或向上，根据个人习惯选择放置方式。使用手铐前，要对手铐的性能进行检查，以确保手铐能够正常使用。

第二节　上铐的基本方法和要求

一、上铐的基本方法

（一）开口上铐

1. 动作过程：命令对方伸出双手，打开手铐锁梁，将固定环套于对方的腕部，迅速关闭活动环。（见图 12—3，图 12—4）

图 12—3

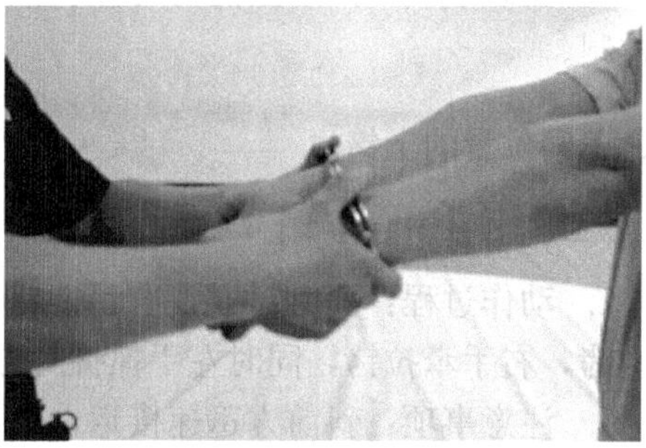

图 12—4

2. 注意事项：动作要熟练，注意观察上铐目标的动作及表情，判明其意图。

（二）压腕上拷

1. 动作过程：压腕上铐不打开活动环，将活动环外部贴靠在对方手腕处用力，迅速用力下压，使活动环惯性环绕一周，即可迅速铐住。手铐的松紧度，约能插入一个手指的程度为宜。（见图 12—5，图 12—6）

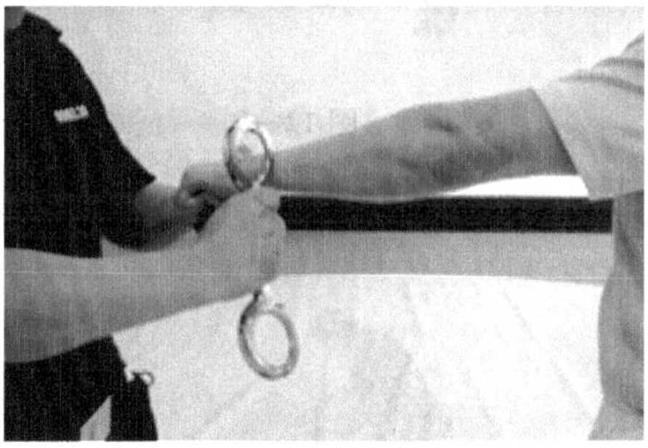

图 12—5

图 12—6

2. 注意事项：手铐过松，被拷者容易逃脱；长时间过紧会损伤皮肤甚至造成肢体坏死。上铐时，禁止向被拷者肢体砸铐。

（三）挑腕上铐

1. 动作过程：右手持铐，铐环由下向上挑压对方手腕，铐环顺势套绕对方手腕，左手可辅助瞬时拨压铐环。（见图 12—7，图 12—8）

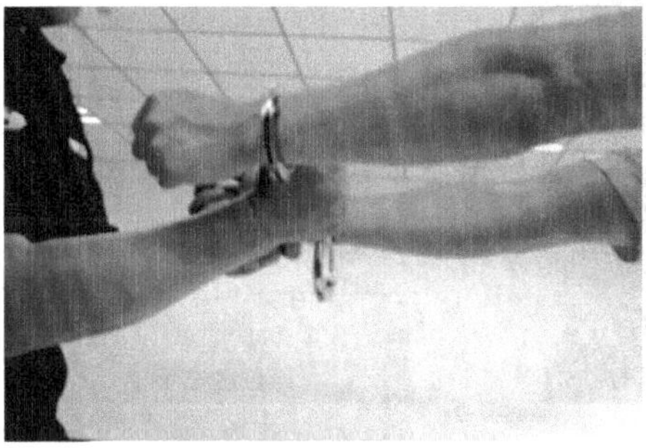

图 12—7

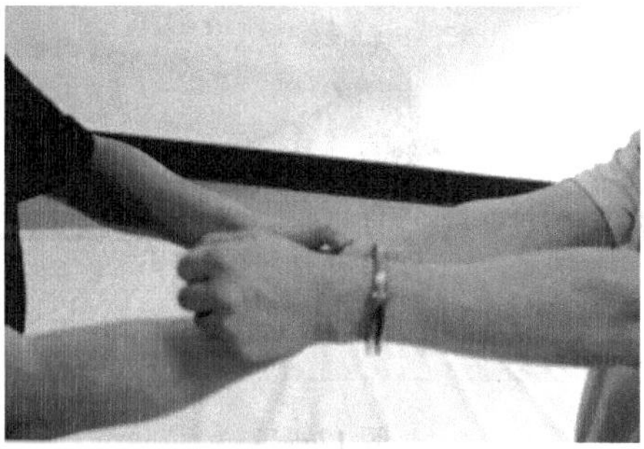

图 12—8

2. 注意事项：如果上前铐对方仍然有能力做出各种危险动作，要保持戒备并加强对其控制。

二、不同位置的上铐

（一）由前上铐

1. 动作过程：面对对方，右手持铐，由对方左前方接近，左手迅速抓握对方左手腕并上铐，右手牵拉铐，同时左手抓握对方右手腕并上铐。

2. 注意事项：斜前方迅速接近，如果对方抗拒上铐或企图攻击警察，在不能有效地制服对方的情况下，应该立即放弃上铐并与其保持安全距离，直到有效地控制住对方后，再进行上铐。

（二）由后上铐

1. 动作过程：命令对方背对自己，上身前倾，双手后伸，掌心向上，双脚分开宽于肩，脚尖向外。右手持铐，由右后侧方接近对方，左手迅速抓握对方右手拇指并折腕上铐，随即抓对方左手并上铐。（见图 12—9，图 12—10，图 12—11，图 12—12，图 12—13）

图 12—9

图 12—10

图 12—11

图 12—12

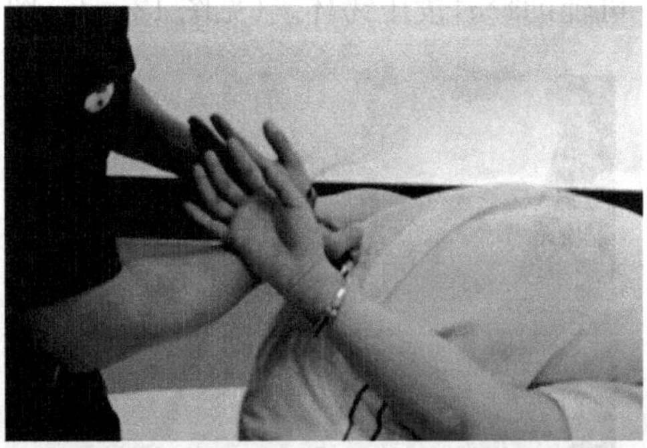

图 12—13

2. 注意事项：要尽可能使被铐者的双手手背相对，才能最大程度地限制对方的活动能力。如果是手心相对，被铐者可能会较轻易地从背铐姿势转换成前铐姿势。

（三）俯卧上铐

1. 动作过程：口头或徒手控制对方致其俯卧于地，双膝跪其肩，以后铐铐其一手，抓握对方另一手并上铐。（见图 12—14，图 12—15，图 12—16）

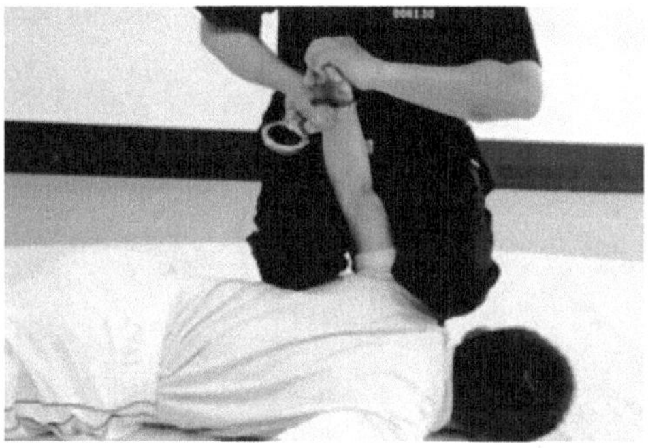

图 12—14

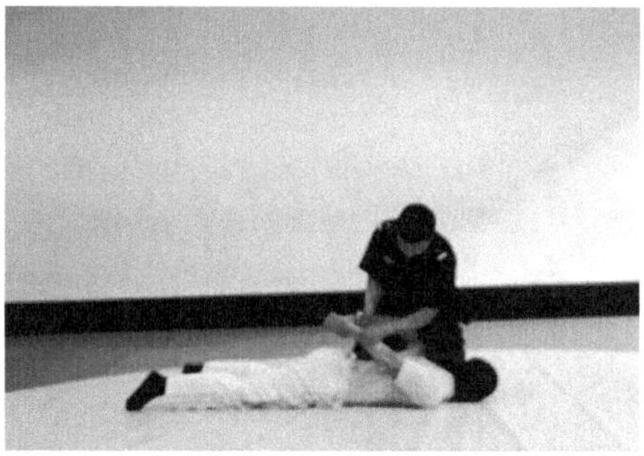

图 12—15

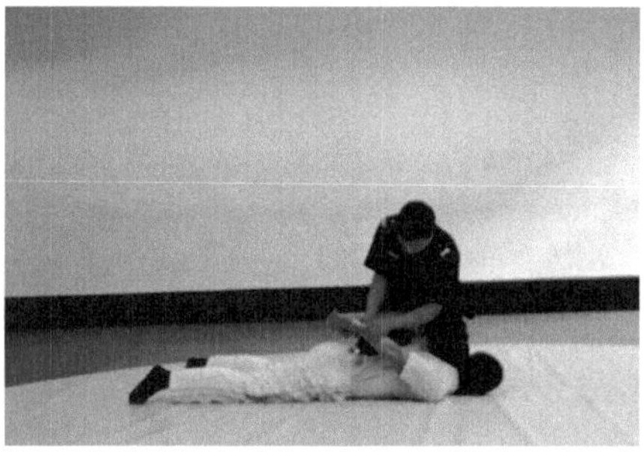

图 12—16

2. 注意事项：跪肩时双膝夹紧，膝与肩不留空隙。身体重心压到被铐者肩背上。

三、上铐的辅助练习

辅助练习者可双手持警棍以模拟被铐者双手，练习者接警后用各种方法上铐，反复练习以提高熟练程度。

四、上铐的基本要求

（一）铐前

上铐前，要检查手铐是否完好无损，钥匙能否开锁。

（二）铐中

上铐时，对方呈背拷位置安全度较高，一手持铐，另一手抓住对方手腕，一般先上后铐，迅速上铐并扣紧。

（三）铐后

上铐后，检查手铐的松紧度并根据情况决定是否反锁，随即搜身。

（四）带离

在带离过程中，随时检查对方上铐的情况。不要采取抓握铐链的方式带离，这样做不但不能有效控制对方，还可能使自己受到伤害。应采取抓肘折腕或别臂等方式对其进行有效控制。

第十三章　强光手电的使用

学习内容：本章节主要了解强光手电的作用与使用的注意事项，掌握强光手电的使用方法。

学习要求：理论与实际操作相结合。

案例回放：2004 年 7 月 20 日 19 时 31 分，某县公安局巡逻警察大队两名民警突入暗室内抓捕一名杀人歹徒时，屋内灯已坏，没有及时使用手电照明，被藏匿在屋里的歹徒及同伙扎成一死一伤。

案例评析：进入室内抓捕时，如果不明室内情况，光线黑暗的情况下，不可盲目突入，应及时借助强光手电等器械采取相应行动。

第一节　强光手电的使用目的和特点

警察常常要在夜间或昏暗的地方执行警务，因此要学会合理、安全地使用强光手电的方法，并结合战术应用。例如，房屋间移动、室内清剿、寻找掩护、用强光扰乱、制服反抗者等，从而制止和排除危险对警察所构成的威胁。

一、强光手电使用的目的

（一）照明及辨认目标，发现及锁定目标。

（二）如有必要开枪时，增加射击的准确度。

（三）照射犯罪嫌疑人面部，瞬间干扰视觉，便于警察迅速将其控制。

（四）手电前端有攻击头，有击打制服作用，可用作自卫武器。

（五）当电筒处于打开状态时，轻轻按动尾盖即可配合战术点射。

（六）当在黑暗处使用手电时也会暴露自己的位置，所以警察应根据现场实际情况灵活使用。

二、强光手电使用特点

强光手电外壳使用铝合金材料，具有极高的抗碰撞能力，耐摔。带攻击设计，可以防身也可以自救。强光手电充电也非常方便，还具有强光、普通光、爆闪三档照明功能，对环境适应度较大。重量不大，便携，有些款式还可以直接夹在身上。

第二节　强光手电的佩戴和使用方法

一、手电的佩戴

一般配置在多功能腰带的左侧。（见图 13—1）

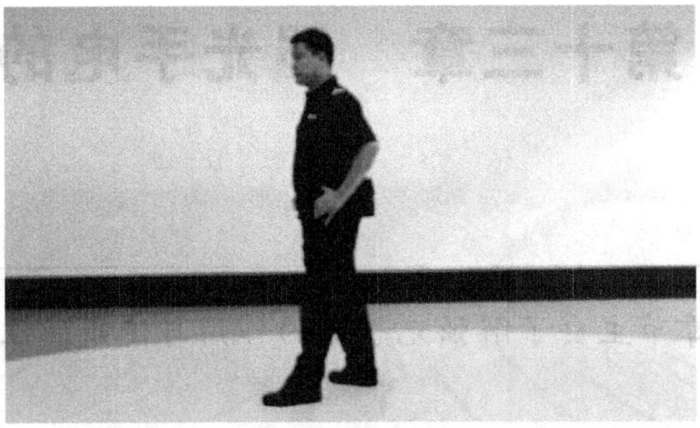

图 13—1

二、手电的握法

手电的握法分为正握与反握两种。（见图 13—2，图 13—3）

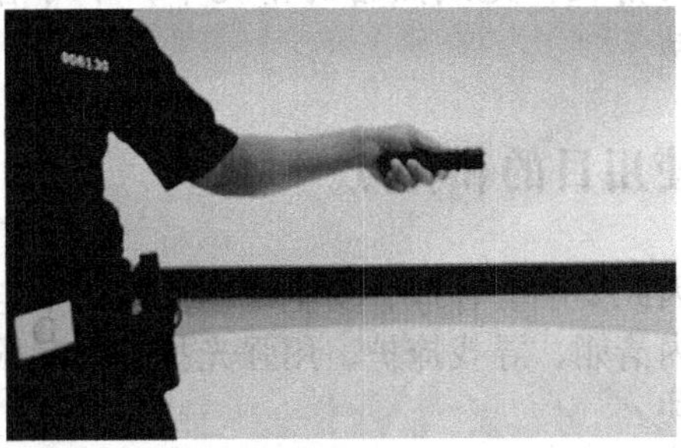

图 13—2

图 13—3

三、手电的使用方法

（一）一般用左手（弱手）持手电筒，右手（强手）持枪。（见图 13—4）

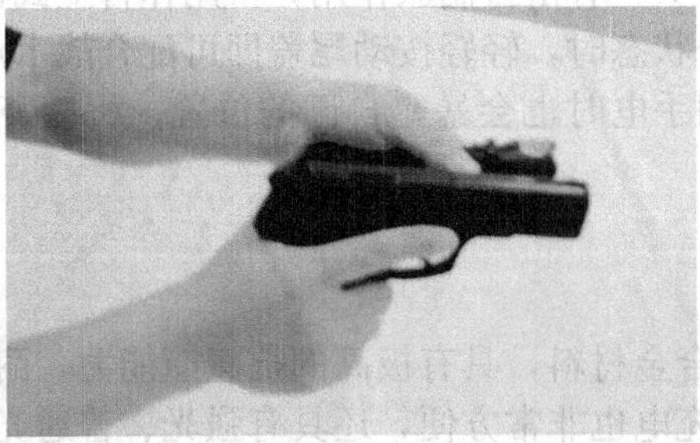

图 13—4

（二）单独使用时，可举手持电筒，略高于肩。（见图 13—5）

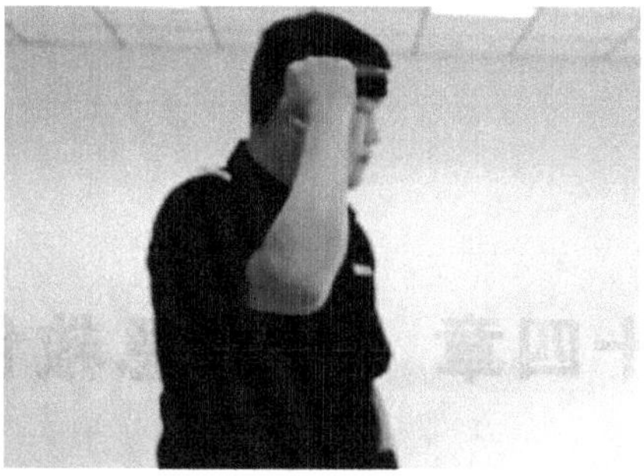

图 13—5

四、使用手电的注意事项

（一）手电光照强度较高，直射人的眼部会对眼睛造成永久性伤害。

（二）灯头不要经常拆卸，以免造成灯泡损伤。

（三）每次使用后，请用干净的软布对手电进行擦拭。

（四）当手电沾染腐蚀性液体时，须及时用清水清洗，并用电吹风吹干。

（五）手电不使用时应将电池取出，放在阴凉处保存。

五、使用手电的辅助练习

练习者携强光手电在黑暗区域中移动并搜指定目标或信号，练习时采用手电筒的亮、灭及移动配合技巧来降低危险程度。

第十四章　警用急救包的使用

学习内容：本章节主要了解警用急救包的使用、主要配置、用途及注意事项。

学习要求：结合急救课学习急救物品的使用方法。

案例回放：2013年10月10日11时，河北省某市一位老人在骑车买菜途中，为躲避机动车辆，不慎摔倒在地，导致身体多处受伤，不能动弹，附近派出所两位民警在出警回所途中，发现这一情况，便立即上前查看。经检查发现，老人的手臂、小腿等部位多处挫伤，行动十分艰难，便立即使用警用急救包为老人止血、包扎伤口，待老人神志清醒后，将其送回家中。

案例评析：该案例说明警用急救包在急求伤者时发挥的重要作用。另外，警察的急救技能也是必要的。

第一节　警用急救包的使用目的和佩戴

一、警用急救包的使用目的

警用急救包是警察在执行勤务时，遇有他人或自己受伤能及时实施紧急止血、包扎等所采用的一种现场急救装备。警用急救包便携、安全可靠，可为伤员送往医院抢救奠定良好基础。急救包由包体、内装药品和器械组成。包体采用移膜皮革制成。包内物品种类较多，功能齐全，体积小，重量轻，实用性强。

二、警用急救包的佩带

一般佩戴在警用腰带右后侧，手拷与手枪之间。

第二节　警用急救包的主要配置和用途

一、急救包的主要配置

急救包里常规配有外伤敷料（云南白药）、消菌纱布、绷带、75%酒精棉片、医用小剪刀、创可贴、人工呼吸隔膜等急救物品。（参考：外伤敷料、三角巾、弹性绷带、消菌纱布、75%酒精棉片、胶带、止血带、创可贴、人工呼吸隔膜、乳胶手套、不锈钢剪刀）

二、每种急救物品的用途

（一）外伤敷料（云南白药）：用于擦伤、烧伤等外伤急救。

（二）弹性绷带：用于包扎伤口。

（三）消菌纱布：用于敷料。

（四）止血带：用于四肢动脉出血的止血。

（五）75%酒精棉片：消毒。

（六）医用小剪刀：裁剪敷料等。

（七）创可贴：用于小的皮外伤。

（八）人工呼吸隔膜：防止疾病传播。

四、使用急救包的注意事项

（一）存储时要防潮，通风避光，避免高温，防止化学品的侵蚀。

（二）注意药品有效期限，及时更换失效物品。

（三）仔细阅读药品使用说明，正确用药。

第十五章　伸缩警棍的使用

学习内容：本章节主要了解警棍的结构，掌握警棍的攻防技术，掌握如何在武力升级中使用警棍。

学习要求：理论讲述与实际操作结合，多种训练手段综合应用，将警棍与其他强制手段结合。

案例回放：2010 年 3 月 20 日凌晨，在美国伊利诺伊州的乡间路上，一名醉酒驾车司机被警察叫下车，警察举起警棍警告，司机举手投降，伏倒在地，该警察用警棍发疯似的敲打其 15 下。事后，警察在采访中称男子酒驾拒捕才用警棍打人。

案例评析：本案中醉酒驾驶属于以危险方法危害公共安全。警察使用了口头警告，当对方根据警察的指令被控制时依然使用警棍击打则违反了法定程序。使用警械，应当以制止违法犯罪行为为限度；当违法犯罪行为人停止实施犯罪行为时，应当立即停止使用。本案中司机举手投降，伏倒在地，并未拒捕，应停止使用警棍。

第一节　伸缩警棍的使用目的和佩戴

一、伸缩警棍的使用目的

伸缩警棍是中国一线民警必配的警械，其作用广泛，攻击性强，可用来挡护、防砍、防棍击，也可用别压的方式控制对方，民警佩戴或手持警棍还可起到震慑的作用，从而有效制止暴力行为。伸缩警棍由橡胶握柄、后管、中管、前管、球头及卡簧等部件组成。握柄为橡胶材质，有防蚀性能，在高温潮湿的气候条件中使用也不会变形受损。伸缩警棍使用寿命较长，能重复伸缩循环次数达到 10 000 次以上，抗击打次数超过 1 000 次。伸缩警棍球头由钢材制成，如果使用不当，会给对方造成过度伤害，超出正当防卫的限度。警棍的握柄采用直筒式设计，没有护手装置，握持不牢靠，容易被对方抢夺。

二、警棍的佩戴

一般在弱手侧，棍头朝向依据个人习惯。多插放于多功能腰带的左侧。（见图 15—1）

图 15—1

三、警棍的握法

手握住警棍握柄的上 2/3 处，使警棍均衡地置于掌内。出棍或攻防时，手掌必须紧握警棍，切勿放松。(见图 15—2)

图 15—2

第二节　警棍使用的基本姿势和开收棍

一、开棍练习

(一) 上开棍

全手掌握住棍柄，身体右转的同时，以肘带手斜向上约 45°，以鞭打动作将警棍甩出。棍打开后成戒备姿势。(见图 15—3，图 15—4，图 15—5)

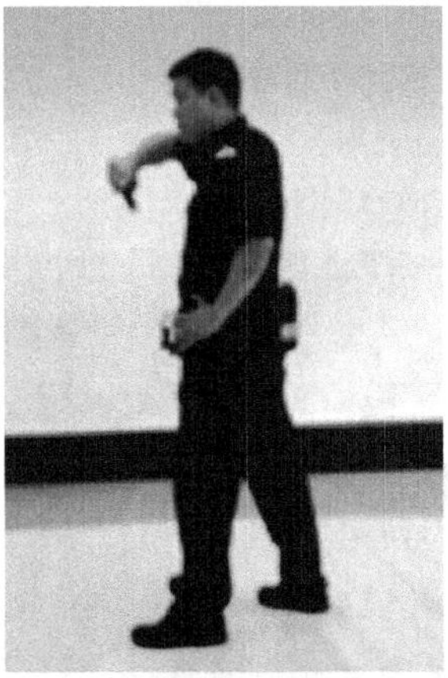

图 15—3

图 15—4

图 15—5

（二）下开棍

全手掌握住棍柄，身体右转的同时，以肘带手斜向下约 45°，以鞭打动作将警棍甩出。棍打开后成戒备姿势。(见图 15—6，图 15—7，图 15—8)

图 15—6

图 15—7

图 15—8

（三）紧急开棍

在紧急情况时，快速拿取伸缩警棍直接将警棍挥向危险目标，甩出警棍进行击打。（见图 15—9，图 15—10）

图 15—9

图 15—10

二、收棍练习

目视前方，下蹲，手持握柄，球头向下，瞬间垂直撞向地面，伸缩锁撞开后便可成功收缩警棍，随后用拇指按平球头，将警棍放入警棍套。收棍时注意目视前方，保持警戒。（见图 15—11，图 15—12，图 15—13，图 15—14）

图 15—11

图 15—12

图 15—13

图 15—14

三、戒备方式

(一) 腹前戒备 (不开棍)

侧身站立，不开棍，双手握住警棍，将警棍置于腹前腰带处，或用手臂遮盖警棍，使警棍隐蔽。(见图 15—15)

图 15—15

(二) 提棍戒备姿势 (开棍后)

侧身站立，下肢是格斗姿势，两腿分立与肩同宽，膝关节微屈，强手持棍自然下垂置于腿后隐蔽，弱手掌提至胸前戒备，目视对方。(见图 15—16)

图 15—16

（三）格斗戒备姿势（开棍后）

侧身站立，下肢是格斗姿势，两腿分立与肩同宽，膝关节微屈，右手正握警棍，将警棍置于右肩上方，肘部自然下垂，棍尾指向对方。左手成掌，左手提至胸前戒备，目视对方。（见图 15—17）

图 15—17

第三节　伸缩警棍的攻防技术

一、伸缩警棍的击打部位及力度

使用警棍攻防技术主要针对积极与警察发生身体接触甚至是对抗的执法对象。当执法对象对警察进行攻击时，对其腿部大肌肉群可以重击，例如，挥出警棍向大腿伏兔穴、腓总神经点等击打。对手臂等小肌肉群击打力度要适中，尽量避免击打暴露的骨骼及关节，头颈部、裆部、两侧软肋一般为禁击部位。击打头部、颈部、关节和其他骨骼组织属于致命武力，只有在警察自身或其他人员的生命受到威胁时，才可以考虑采用。击打或连续击打肌肉纤维布满微细神经组织的部位，可会出现水肿或淤血，造成临时性的肌肉僵化和受影响的手腿等运动功能障碍。

二、警棍的进攻技术

（一）劈棍

1. 上劈击

（1）动作过程：戒备站立，蹬地，转腰挥臂，整体发力挥动警棍，着力点在棍身，劈击对方的手臂等部位。（见图 15—18，图 15—19）

图 15—18

图 15—19

（2）注意事项：根据对手的距离，可原地或撤步击打。击打后保持与对方距离并准备下一次击打或进一步控制。

2. 下劈击

（1）动作过程：戒备站立，蹬地，转腰挥臂，整体发力挥动警棍，着力点在棍身，劈击对方的大腿外侧。（见图 15—20，图 15—21，图 15—22）

图 15—20

图 15—21

图 15—22

（2）注意事项：同上劈击，要结合步法移动，特别是击打后，要观察对方反应，并控制安全距离。

3. 斜劈击

（1）动作过程：戒备站立，上身左倾，蹬地，转腰挥臂，棍由肩经耳侧向斜下劈击对方大腿内侧。（见图15—23，图15—24，图15—25）

图 15—23

图 15—24

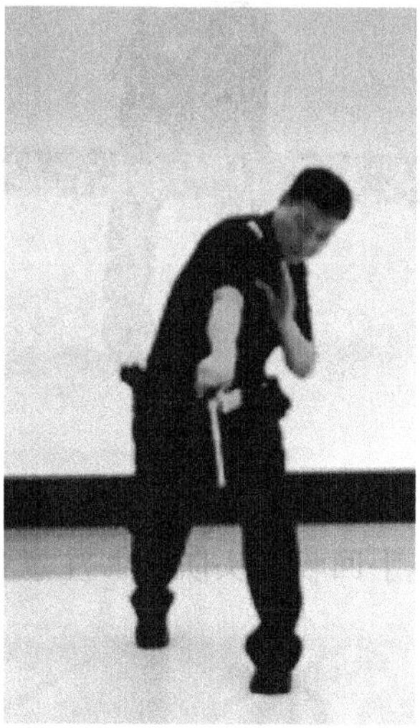

图 15—25

（2）注意事项：劈击同时，左手回收护头防守。注意步法移动，保持距离。

（二）横扫

1. 动作过程：戒备站立，蹬地，转腰挥臂，整体发力，左右挥动警棍，击打对方的大腿内外侧、腰侧、手臂等地方。（图15—26，图15—27，图15—28）

图 15—26

图 15—27

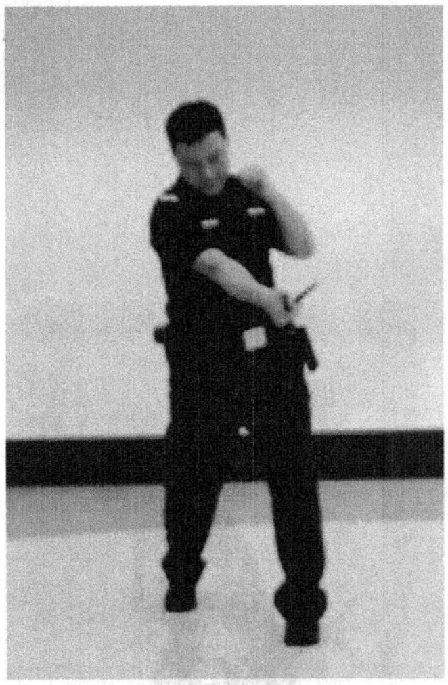

图 15—28

2. 注意事项：扫击同时，左手回收护头防守。注意整体发力。

三、警棍的防守技术

（一）截击

警棍的截击理念主要是针对对方持有凶器而采取的防守和进攻于一体的方法，主要击打手臂桡侧和桡中侧神经，达到防卫的目的。

1. 动作过程：以右手持警棍为例，当对方持凶器从右侧进攻时，警察持棍迎对方进攻方向击打其小臂。（见图 15—29，图 15—30）

图 15—29

图 15—30

2. 注意事项：同劈击。

（二）架挡

1. 动作过程：当对方徒手或持凶器攻击警察时，警察双手持棍迎对方进攻方向架挡其拳腿或凶器，并迅速回收。（见图 15—31，图 15—32）

图 15—31

图 15—32

2. 注意事项：应注意格挡动作要准确、有力、及时。手臂动作与身体的转体动作要协调一致。上格挡时，警棍应水平，高于头部。

（三）绞棍

1. 动作过程：一旦警棍棍身被对方抓握，务必迅速做出反应，左手握棍头、右手握棍柄做绞转，身体随之转动。（见图 15—33，图 15—34，图 15—35）

图 15—33

图 15—34

图 15—35

2. 注意事项：绞转要快速及时，避免棍身被对方握紧后较力。一次绞转后不能成功解脱，快速做反方向绞转，以彻底解脱。

四、警棍攻防技术辅助练习

（一）练习原地单动击打、原地组合技术击打、移动中击打。

（二）橡胶棍打靶。二人一组，一方示靶，一方击打：示靶方在合适的距离直接示靶（大腿或前臂），练习者迅速击打；示靶方向前逼近，缩短距离，打靶方将其推开，示靶后迅速击打。

第十六章　催泪器的使用

学习内容：本章节主要了解警用催泪器的列装目的、基本性能，掌握操作技能及善后处理方法。

训练要求：理论与实操相结合，熟练掌握基本技能，加强实际体验练习。

案例回放：2009年10月12日上午，尹某驾驶一辆无牌三轮摩托车（无载人）在某地一派出所门口路段从南往北逆向行驶，当民警上前依法进行拦截时，尹某撞伤正在执勤的民警李某后迅速逃跑，并撞坏了一辆停在路边的小货车；在行驶至一综合市场门口时，尹某竟然加大油门倒车再次撞向民警及民警驾驶的警用摩托车，而后疯狂向附近执法的民警和周边群众撞去，最终被民警使用催泪器制服。

案例评析：《中华人民共和国人民警察使用武器警械条例》第二章第七条的规定，警察遇有"以暴力方法抗拒或者阻碍人民警察依法履行职责的"或"危害公共安全、社会秩序和公民人身安全的其他行为，需要当场制止的"的情形之一，若警告无效，可以使用警械。本案中使用催泪器制服对方合法。

第一节　催泪器的使用目的和特点

一、催泪器的使用的目的

警用催泪喷射器是必配类型的公安单警装备，属于制服性和驱逐性警械，在基层被广泛应用于对抗犯罪分子的据捕或突然袭击。有效地使用催泪器可迅速控制局面、确保执法安全。

二、催泪喷射器的使用特点

（一）比使用警棍杀伤力低，一般不会造成长期伤害。作用距离大于警棍，控制范围较大。

（二）基本操作技术简单，容易上手。

（三）需通过系统学习与训练，切实掌握使用技巧和操作流程，以达到合法、有效使用。

三、催泪喷射器的作用效果

CS 或 OC 与人员身体接触后会产生以下作用：

（一）接触后皮肤产生被燃烧的灼热、疼痛的感觉，尤其是出汗湿润的身体部位。

（二）接触后双眼感觉刺痛、流泪甚至无法睁眼，失去方向感。

（三）口鼻吸入溶剂后，会导致黏膜肿胀、咳嗽、流鼻涕、呼吸道有疼痛发炎的感觉，胸闷、呼吸急促并出现短暂性的呼吸困难，欲语不能。

OC 制造原料为辣椒素，催泪型喷射剂喷射到人体的面部、皮肤上后，将会对人体感官产生强烈的刺激作用，会迅速引起被喷射人流泪、流鼻涕、咳嗽、呼吸困难、皮肤灼痛等症状，并可能导致暂时性肢体功能障碍，身体失去协调能力而不能继续伤害他人，反抗能力减低。

第二节 催泪器的佩戴和使用方法

一、催泪器的佩戴与检查

（一）催泪器的佩戴

配枪人员可将催泪喷射器放于多功能腰带的左侧近皮带扣位置，非佩枪人员可将催泪喷射器放于多功能腰带的右手侧，喷头在上方，喷嘴向前（或向左）。（见图 16—1）

图 16—1

（二）使用前须检查

1. 摇晃瓶身，确认容器内仍有液体。
2. 喷剂是否在有效期内。
3. 喷嘴是否清洁与瓶身的连接处是否牢固。

二、催泪器的持握

（一）动作过程：左右腿前后站立，或平行站立，用右手持催泪喷射器，左手虎口向后反抓右手腕，用食指向下按压喷嘴，或左右手持握如双手持枪姿势，用拇指向下按压喷嘴。也可单手持握。（见图 16—2，图 16—3）

（二）注意事项：准备使用催泪器时，应首先确保自身安全，其次才是控制对方。

图 16—2

图 16—3

三、催泪器的喷射方式

（一）动作过程：根据喷射对象的情况，可以做圆圈式、上下式、左右式和霞雾式的喷射。

（二）注意事项：保持距离，过远或过近都会影响使用效果。判断风向，否则会危及自身。

四、使用催泪器中的步法移动

（一）侧滑步

1. 动作过程：当双手持握喷剂，面对对方的快速逼近时，应及时向左（右）侧快速滑动改变方向，保持安全距离。

2. 注意事项：在安全距离使用语言警告或命令，如有必要，可升级使用武力。

（二）后退

1. 动作过程：当单手持握时，可转身向后快速后退，保持安全距离。

2. 注意事项：在安全距离使用语言警告或命令，如有必要，可升级使用武力。

五、使用催泪器后的处理

（一）清除感染物

1. 将被喷射者转移到未受污染的区域，并置身于通风处。
2. 使受感染人停止运动，保持冷静，正常呼吸。
3. 用流动水清洗脸部。
4. 不可擦眼及脸部，可用干、湿纸巾吸干感染部位。
5. 移走隐形眼镜。
6. 现场及车辆用水清洗，并保持通风散气。

（二）询问

1. 是否佩戴隐形眼镜。
2. 过去 8 小时是否服用药物或酒精。
3. 是否有心脏病、肺病、糖尿病、高血压和其他严重疾病及过敏症。

（三）观察

被喷射者15～30分钟其刺激感觉会减退，如症状不减或有其他病症，应将其送医院治疗。经清洗后应在30～40分钟复原，红斑会在1～3小时内完全消除，否则应送医院治疗。被喷剂影响的对方应有专人照顾。押送此类对方时，避免俯卧姿势，否则会增加其胸部呼吸阻力而出现意外情形。

六、催泪器训练中的要求

（一）使用催泪器的第一意识是如何保证自身安全，在此基础上再控制对方，因为喷雾喷中后不会即刻有效，要延迟一些时间才开始感觉辛辣疼痛。

（二）要始终保持距离便于观察判断，留出足够的反应时间。

（三）步法运用上，后退与侧闪结合，如对方全速前冲，可有效闪避。

（四）结合徒手攻防，与其他徒手、警械技能综合使用，不可因使用催泪器而限制了其他强制措施的使用。

七、催泪器使用的辅助练习

（一）喷射基本动作练习

原地或结合步法移动在无目标的情况下快速取催泪器并喷射。

（二）体验练习

1. 穿越污染区

在开放的区域喷射催泪器后，练习者穿越该污染区，体验被喷剂刺激的感觉并提高抗刺激的能力，或在密闭的室内喷射催泪器，练习者进入该室内并完成指定任务然后退出。

2. 模拟对抗

三名练习者为一组，两人模拟警察，一人模拟对方，对方可手持脚靶或橡胶软棍攻击警察，警察用催泪器制服对方。练习中，对方可佩戴眼镜等防护用品。

第十七章　警用匕首的使用

学习内容：本章节主要了解警用匕首的构造与功能及使用方法。
学习要求：掌握警用匕首的使用方法。

案例回放：2014年3月25日晚上11点左右，在成都市某小区内发生一起入室抢劫事件。两名歹徒手持仿真枪和匕首挟持一名房客岳先生进入其房间内，随后，两人将岳先生和他的室友陈先生、兰女士绑住，在抢走了一万元现金后，又逼迫陈先生等人交出了银行卡和密码。接着一名歹徒手持匕首带着兰女士外出取钱。成都警方迅速出动，周密布控，几个人控制了现场，从歹徒手中抢过匕首，制服在地。房间里的歹徒在搏斗过程中被击毙，陈先生等人随后被救出。

案例评析：这一案例说明警察要会使用匕首，对歹徒的凶器要慎重。一旦没有枪械的控制下，歹徒的匕首有可能造成不良后果，因此民警应当能够熟练地掌握匕首的使用方法。

第一节　警用匕首的使用目的和佩戴

一、警用匕首的使用目的

警用匕首是兼有救援和攻击作用的警用装备。针对公安民警在执法执勤过程中遇到的各种日常操作、紧急救助以及警察经常被犯罪分子伤害等问题，公安部把警用匕首列为公安民警必配的警用装备。

警用匕首有割、刺、砍、锯、剪、碎玻璃、改锥、指南针、多功能螺丝刀等多种实用功能，民警可使用警用制式刀具进行防身自卫、救援、拆除障碍物等活动，尤其是在遇到致命攻击或持械攻击时，在开枪射击条件受限的情况下，可使用警用匕首制服暴徒。

警用匕首除了可以拆除障碍物实施紧急救助外，还有一定的防身自卫功能。特别是执行复杂任务，比如某些特定情况的反恐任务，不便使用枪弹，或在油库、炸药库，此时展开近敌肉搏就变成必要手段，与格斗技能相结合可以使其发挥最大的威力。

二、警用匕首的佩戴

警用匕首入刀鞘内，一般佩戴于多功能腰带的正右侧。（见图 17—1）

图 17—1

三、警用匕首的持握

刀具的持握可分正手持握和反手持握两种。（见图 17—2，图 17—3）

图 17—2

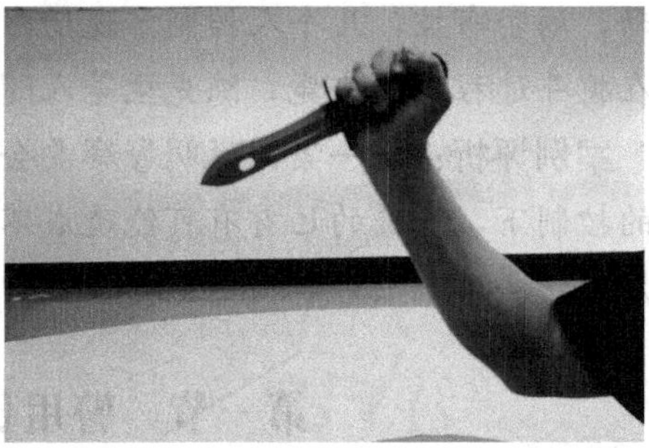

图 17—3

第二节　警用匕首的使用方法

一、警用匕首使用的方法

（一）刺

刀尖能够轻易刺穿 1mm 厚的低碳钢板。在交通事故的现场，当伤者被困车内时，警察可用匕首扎透钢板解救伤者。

（二）破

刀柄尾端所带的击针可轻易击碎 8mm 厚的钢化玻璃。刀柄尾端设有尾帽，旋下尾帽，露出击针顶压玻璃器上，上手握住刀鞘，让击针与玻璃呈 90°直角，缓慢用力下压，直到

玻璃破碎，用后旋紧尾帽。（见图 17—4，图 17—5）

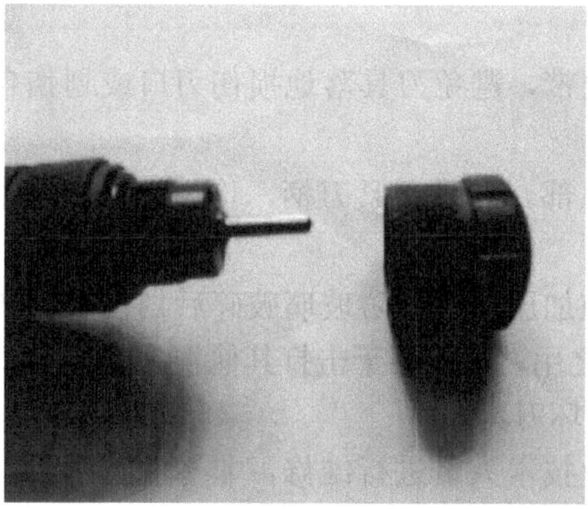

图 17—4

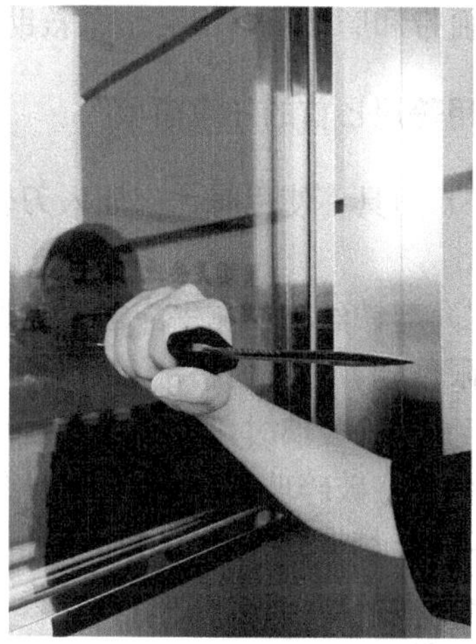

图 17—5

（三）锯

警刀上的锯齿可在 55 秒内将直径 5～6mm 的铁制护栏轻松锯断。警察进入室内实施救助时，可用锯齿很快锯断铁制护栏，迅速进入室内，救助被困人员。

（四）剪

将刀体前上方的剪切孔套在刀鞘刀口座部件的剪切定位轴上，然后剪口和刀刃配合使用，可以剪断直径 4mm 以内的铁丝、铝线、铜线、电缆等物。（见图 17—6，图 17—7）

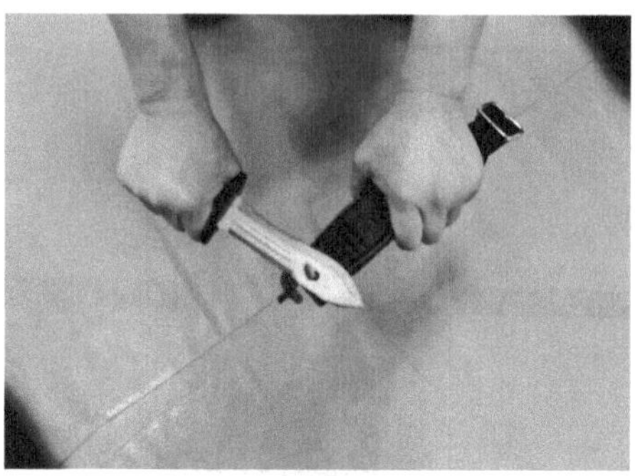

图 17—6

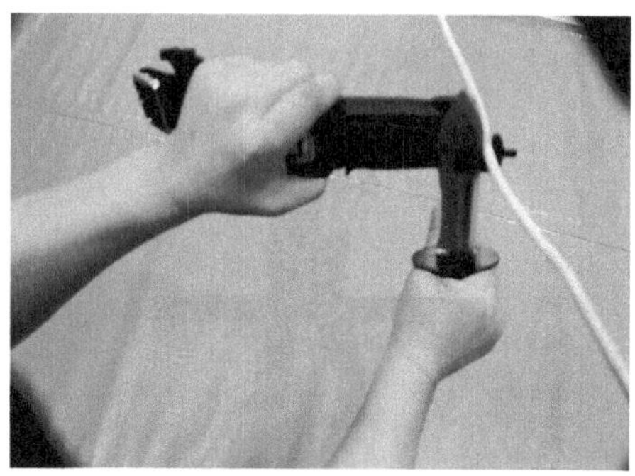

图 17—7

（五）砍

刀身可砍断直径 30mm 的木棒。

（六）割

能割断直径 5mm 的绳索。

（七）其他用途

螺丝刀。刀具配置了四种规格的螺丝刀，下压工具盒舌簧开关，打开工具盒，按需求取出工具袋中的螺丝刀，装于剪口座前方的六角连接头上，即可使用。

弹弓。将弹弓翻转 180°，卡入刀鞘下方的定位槽中，从工具盒中取出止血带，从附件包中取出弹弓皮兜，将止血带穿入弹弓皮兜两端的孔中，将止血带两端套在弹弓弯头处即可。

止血带和磨刀石，都突出了救助和利器功能。

二、使用警用匕首的注意事项

（一）刀具不使用时，应插入刀鞘，扣紧固定带，避免刀具落地损伤刃口或划伤自己和他人。

（二）剪铁丝时，左手应握紧刀鞘上端的圆弧部，右手握紧刀柄，均匀用力，以免刀具脱离限位轴，造成伤害。

（三）破碎玻璃时，不得敲击玻璃，应缓慢施加压力，以防玻璃破碎后划伤手臂或碎片飞溅伤人，破碎玻璃用的击针仅用于破碎玻璃之用，不得用于击打其他物品。

（四）严禁将刀具当做撬压工具使用，以免损坏刀具。

（五）刀具出现损伤或功能丧失，应联系专业技术人员进行维修，非专业技术人员不得拆卸刀具。

第三节　警用匕首的攻防技术

一、警用匕首的实战姿势

以左实战姿势为例，双脚自然前后开立，左脚在前，膝微屈。左手在前，防守或佯攻。右手正握或反握匕首，高度齐腰，靠近身体，刀尖朝前或朝下。（见图 17—8，图 17—9，图 17—10）

图 17—8

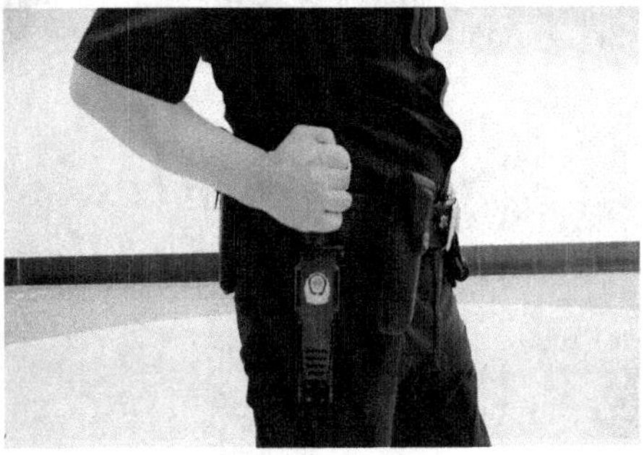

图 17—9

图 17—10

二、警用匕首的出刀方法

（一）正握出刀

1. 动作过程：腰带右侧佩戴，以正握的方式迅速取出。（见图 17—11，图 17—12）

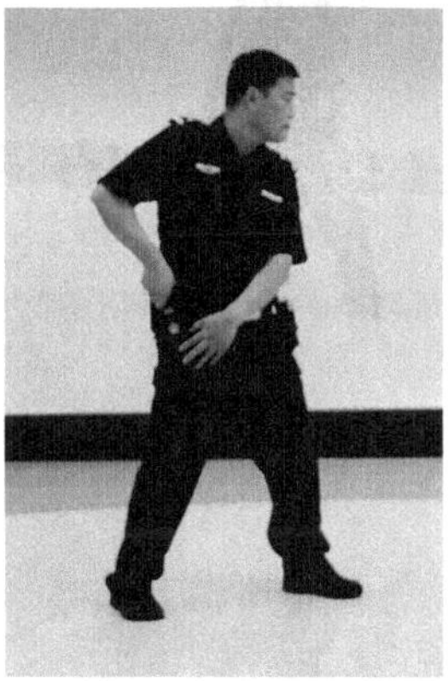

图 17—11

图 17—12

2. 注意事项：握紧，出刀快。

（二）反握出刀

1. 动作过程：腰带右侧佩戴，以反握的方式迅速取出。（见图 17—13，图 17—14）

图 17—13

图 17—14

2. 注意事项：握紧，出刀快。

三、警用匕首的进攻技术

（一）上刺

1. 动作过程：右手反握匕首，上右脚同时由上方向下猛刺。（见图 17—15，图 17—16，图 17—17）

图 17—15

图 17—16

图 17—17

2. 注意事项：手法正确，目标明确。

（二）下刺

1. 动作过程：右手正握匕首，上右脚同时由下向上猛刺。（见图 17—18，图 17—19，图 17—20）

图 17—18

图 17—19

图 17—20

2. 注意事项：手法正确，目标明确，用力迅猛。

（三）侧刺

1. 动作过程：右手反握匕首，上右脚，同时由右向左横着用力猛刺。（见图 17—21，图 17—22，图 17—23）

图 17—21

图 17—22

图 17—23

2. 注意事项：出匕首要隐蔽迅速，击刺时要同时上步。

四、警用匕首的防守技术

（一）架挡

1. 动作过程：迎对方击刺方向格挡其前臂，同时另一手击打其头面部。（见图 17—24，图 17—25）

图 17—24

图 17—25

2. 注意事项：眼盯对方，注意凶器，防守得当。

（二）蹬击

1. 动作过程：当对方持匕首向我靠近时，先出腿蹬击其小腿正面或腹部，根据对手被击中后的反应后退或控制对方手腕夺下匕首。（见图 17—26）

图 17—26

2. 注意事项：眼盯对方，注意凶器，要把握时机，出腿要快，要狠，过早或过晚都易被匕首伤到。

五、警用匕首的辅助练习

以未开警棍代替真实的匕首空击或击刺橡胶人。一方戴护具使用塑料匕首击刺，另一方格挡或躲闪并夺匕首，控制持匕首者。

第十八章　徒手防夺枪和匕首技术

学习内容：本章节主要学习徒手夺枪技术、徒手夺匕首技术、防夺枪技术、防夺匕首技术四大部分内容。

学习要求：重视基础练习，反复技术练习，同时提高心理抗压力。

案例回放：2009年12月4日下午，某县公安局巡特警大队110接出警，一民警和三名协警在帮助一名迷途老妇返家后，在一小区弄堂里遇到一名年轻女子站在路中打电话挡住了警车。在警车连续鸣笛、协警劝告让路时，该女子开始辱骂协警。在民警亮明身份后，该女子及闻声赶来的几名男女仍然围攻辱骂民警并开始推搡民警、协警，并用拳头、铁锹、石头、扫帚攻击民警。该民警见状拿出催泪喷雾器自卫，被其中一名妇女咬中右手。一协警脸部、头部多处被打破出血。民警遂朝天鸣枪警告。枪响后，一名男子持石块扑向民警，并公然夺枪。民警果断开枪击中夺枪男子。

案例评析：《人民警察使用警械和武器条例》规定使用武器的情形之一：抢夺、抢劫枪支弹药、爆炸、剧毒等危险物品，严重危害公共安全的；此项规定，不要求犯罪分子抢夺、抢劫枪支、弹药等危险物品，并用这些物品实施危害公共安全的行为，而只要实施了抢夺、抢劫这些物品的行为，人民警察就有权使用武器予以制止。本案中，民警在多次口头、鸣枪警告无效的情况下，使用武器，符合法律规定。

第一节　徒手夺枪技术

一、正面夺手枪

（一）动作过程：当对方命令我举起手时；我应双手慢举；尽量放低双肘，然后，突然向右转体以左手臂击扣对方右手腕部，右手快速抓住其枪管，切不可将手堵在枪口；与此同时，两手合力将枪口朝对方身体拧动，迫其松手。（见图18—1，图18—2，图18—3，图18—4）

图 18—1

图 18—2

图 18—3

图 18—4

（二）注意事项：闪转要突然，扣抓快速有力。

二、对付背后手枪

（一）动作过程：当对方右手持枪时，我双手上举，两肘尽量下垂；突然右转体以右手臂击其持枪手臂；同时上左步以左手抓住其右手腕，以右手抓住其枪管；使枪口朝向对方逆时针旋拧，迫使对方手松开。（见图 18—5，图 18—6，图 18—7，图 18—8）

图 18—5

图 18—6

图 18—7

图 18—8

（二）注意事项：转体迅速，挡抓准确，旋拧折腕，一气呵成。

三、对付头颈后手枪

（一）动作过程：当对方用右手持枪对准我后头颈时，我应将双手举起；肘抬置与肩同高，然后上体突然向右猛转，同时以右大臂夹住对方持枪手腕，以右脚为轴转动，将左脚置于对方右脚后；右大臂将其手腕紧紧夹在自己腋下；左手臂从对方右大臂上方划过，左手掌置于其头面部；将对方头向后抹压，使其重心向后倒而被控制。（见图 18—9，图 18—10，图 18—11）

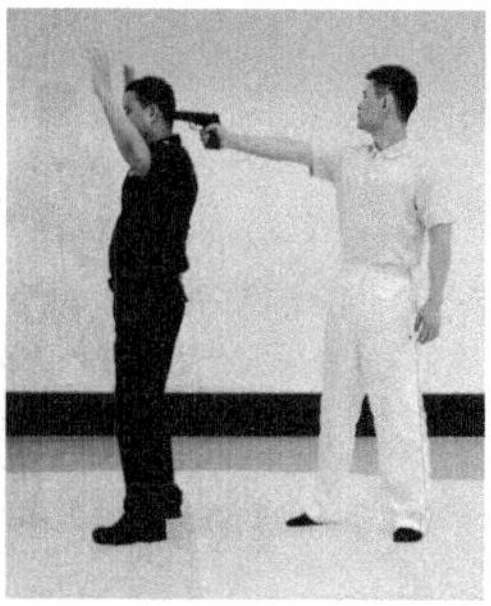

图 18—9

图 18—10

图 18—11

（二）注意事项：转体快速，转夹同时，抹按捞带，劲力合一。

四、辅助练习

双劈拳：由左实战姿势开始，身体向右扭转抽身闪躲，同时带动左脚和左手回收，随即左脚先前迈一步形成弓步，同时左手臂向前轮劈，左转体上右步，右手臂由后向前轮劈。然后，身体向左扭转抽身闪躲，同时带动右脚和右手回收，随即右脚向前迈一步形成弓步，同时右手臂向前轮劈。右转体上左步，左手臂由后向前轮劈。以此循环做练习。

第二节　徒手夺匕首技术

一、对付下刺技术

（一）动作过程：当对方右手反握持刀，由上向下刺来时，我迅速向左侧闪躲，同时以左手顺其下刺方向做挡压，右手随之按压对方右肘外侧，左手挡压后继续前推，与右手形成合力，迫使其右手臂弯曲、屈臂于背后，被控制。（见图 18—12，图 18—13，图 18—14）

图 18—12

图 18—13

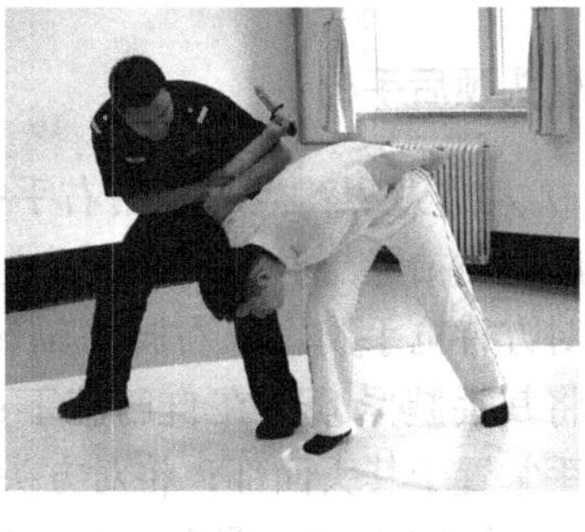

图 18—14

（二）注意事项：挡压推挤，提翻插肩，转体前压，一气呵成。

二、对付直刺技术

（一）动作过程：当对方右手正握持刀，向我腹部直刺时，我迅速向左侧闪；同时以左手手心向上推托其右肘，随之右手手心向上拍抓其持刀手小指外侧，左手顺其右小臂前划置持刀手拇指外侧，两手相合形成外掰折腕，迫使其持刀手松开。（见图 18—15，图 18—16，图 18—17，图 18—18）

图 18—15

图 18—16

图 18—17

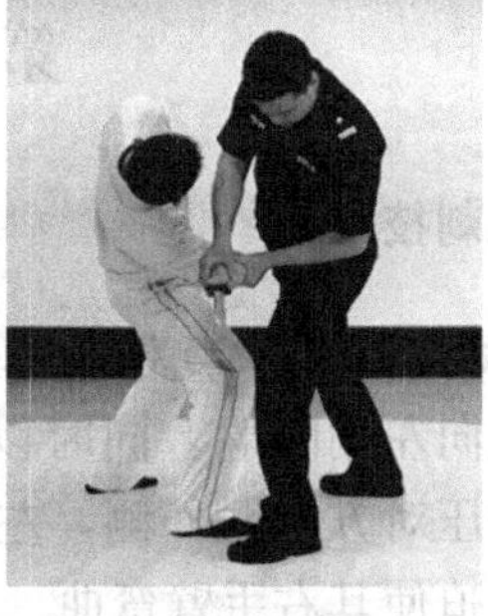

图 18—18

（二）注意事项：托肘快速准确，拍抓折腕连贯。

三、对付斜划割技术

（一）动作过程：当对方右手正握匕首，向我头颈部斜划割时，我迅速以左手臂挡击其小臂，同时以右手臂由对方右肘下穿过挂带其肘，迫使对方右手臂弯曲，随后右手上托，左手下压；上右步于对方右腿后侧，迫使其重心后倒而被控制。（见图18—19，图18—20，图18—21，图18—22，图18—23）

图18—19

图18—20

图18—21

图18—22

图18—23

（二）注意事项：挡击准确有力，挂带、上托快速而连贯。

四、辅助练习

掳抓手：两人面对弓左腿，双手半握拳置于我体前，当对方用左拳打我头部时，右手拍击其左手臂外侧；同时，以左手顺其左手臂外侧掳抓其左手腕，身体前压。同样，对方再用右拳打我头部时，左手拍击其右手臂外侧；同时，以右手顺其右手臂外侧掳抓其右手腕，身体前压。以此循环做练习。

第三节　防夺枪技术

警务人员在执行任务时，避免不了近距离接近对方。如在执行截停、盘查、搜查及拘捕等任务时，对方都有可能会拒捕、袭警，甚至抢夺警务人员的枪械，枪械是警务人员的生命，不容丢失和被抢。一旦丢失和被抢，将危及个人和他人的生命。

首先防抢夺枪支关键是在预防，要有防范意识，不给对方有可乘之机，如枪械的佩戴、与对方的距离、站位、接触方式等。其次，要提高自我防卫能力，当受到暴力袭击时，能一招制敌，让暴力袭击无法得逞，让对方对警察有敬畏之心。

一、手枪佩戴方式

让对方很难接触到或隐藏佩戴，一般在执勤时，都佩戴在右前侧。（见图 18—24）

图 18—24

二、与对方的距离

（一）盘查距离为 1.8m～2.5m。（见图 18—25）

图 18—25

（二）手持手枪距离为 3m 以外。（见图 18—26）

图 18—26

三、站位与角度

（一）在对方侧前方大约 45°斜线方向侧身站位。（见图 18—27）

图 18—27

（二）错误站位与姿态：

1．在对方正前方。（见图 18—28）

图 18—28

2. 佩戴枪位置暴露或靠近对方一侧。(见图 18—29)

图 18—29

四、与对方接触方式

一般左脚在前，位于对方右前方，右手放在佩带枪的位置。(见图 18—30)

图 18—30

五、防对方抢夺枪技术

(一) 防正面抢夺手枪技术

1. 动作过程：当对方向前近身抢夺我腰间手枪时，我迅速侧身以左手或右手推抓其右肘或左肘，同时利用技术手法控制对方。(见图 18—31，图 18—32，图 18—33)

图 18—31

图 18—32

图 18—33

2. 注意事项：侧身闪躲与推抓要一致，以身带步。当对方向前近身抢夺我腰间手枪时，我与其同时抓枪去抢夺。

（二）防侧后抢夺手枪技术

1. 动作过程：当对方从我右后近身抢夺我腰间手枪时，我迅速以右手按压住其右手，同时右后转身以左脚为轴撤右步，以左手推抓其右肘，利用技术手法控制对方。（见图 18—34，18—35，18—36）

图 18—34

图 18—35

图 18—36

2. 注意事项：按压有力，后转与推抓协调一致。当对方向前近身抢夺我腰间手枪时，我与其同时双手抓枪去抢夺。

六、辅助练习

巴掌套：两人侧平行，方向相反，两脚平行并分开站立，与同肩宽，双手握拳置于腰间，左手与对方相邻。当对方用左手掌击打我面部时，我以左手掌封挡，随后，对方用左手掌逆时针转环击打我后脑，我再以左手上举以大臂封挡，随后，对方左转身上右步用右拳直击我左肋，我左后转身撤左步，以左手回搂其右拳。然后，对方再用右手掌击打我面部，以此左右循环做练习。

第四节　防夺匕首技术

匕首是防卫者的有力武器，如果使用得当，它能令攻击者胆怯，能起到防身的作用；如果使用不当，它可令攻击者有机可乘，甚至威胁到自身的安全。因此，使用好匕首很重要，在没有枪支的情况下，使用匕首是防卫者遇到攻击时最有利的防卫武器。

一、持刀防卫姿势

（一）动作姿势：持刀防卫姿势与实战姿势大致相同，不同的是手持刀，手臂下垂，置于腿外侧；另一只手臂置于体前成防卫挡击之势，并为持刀的手进行刺、割、划等创造条件，还可以空手在其攻击者眼前晃动，或朝其投掷东西，以示要突然进击的动作，来达到分散其注意力的目的。（见图 18—37）

图 18—37

（二）注意事项：两腿前后站立，腿自然弯曲，手臂放松。切忌两腿僵直，手臂僵硬，这样不利于掌握身体平衡和身体的移动。

二、防抓夺持刀手腕解脱（一）

（一）动作过程：当对方用右手抓住我持刀右手腕时；我以持刀手内旋向外、向上做缠绕，以左手向上托其右肘，同时右手下压以解脱。（见图 18—38，图 18—39）

图 18—38

图 18—39

（二）注意事项：手腕要灵活，两手要协调配合，托、压要一致。切忌有托没压，手腕不灵活。只有下压，没有缠腕。

三、防抓夺持刀手腕解脱（二）

（一）动作过程：当对方用左手抓住我持刀右手腕时；我以向左、向下、向外做缠绕，同时左手扣抓其左手背，以拇指按压食指根，其余四指掰扣其小指外侧，以解脱抓腕。（见图 18—40，图 18—41，图 18—42）

图 18—40

图 18—41

图 18—42

（二）注意事项：缠绕与掰扣要相合，先缠后掰。切忌缠绕动作小，掰扣无力。没有以身带动，以动带手。

四、辅助练习

倒手串：两人面对，都曲左膝成弓步，双手握拳置于体前。当对方用右拳直击我头部时，我以左手上托其右肘，对方再以左手挑撩我左手，同时上右步用双手下刨我左手臂，随即再用左手直击我头部。我在对方上右步用双手下刨我左手臂、用左手直击我头部的同时，退左步，再以右手上托其左肘。以此左右循环做练习。

第十九章　捆绑技术

学习内容：本章节主要掌握结绳基本方法、警绳捆绑技术的使用方法和注意事项。

学习要求：掌握捆绑技术的动作过程和注意事项。

案例回放：2008年9月24日，精神病人曹某在列车上病发后，“想跳窗，又喊又叫，但没有伤害其他旅客行为发生”。此后曹某遭到了三次捆绑。第一次捆绑由列车长黄某进行，第二次捆绑由乘警王某进行，致命的是第三次捆绑。警方讯问黄某笔录显示：“9月25日8点20分，我休息起床后，他身上的封口胶扭成几股像麻花形状，他的同路人又要求我重新捆一道，从安全角度，我又找来封口胶又缠了一次。”事后，十分钟后，曹某不行了。

案例评析：该案背后的问题，不能因为此案的了结而遭忽略。列车长是否有权捆绑火车上突发精神病的人？维护公众利益和救助精神病人是否天然冲突？列车长大胆捆人背后存在着怎样的制度缺陷？根据铁道部《旅客列车管理规定》，列车长只有行政权而无司法权，只有乘警可“使用约束带或警绳”捆绑精神病人。如果捆绑技术使用不当，会造成严重的后果。

第一节　结绳的操作方法和捆绑的要求

一、绳结的操作方法

（一）半结

半结又称单结，是最简单的绳结。因为看着很像一个人两手环着的样子，所以又叫交腕结。半结是所有绳结的基本结，创造性的绳结世界是由单结所开创的。只需要将两手绳交叉，拿其中一端绳子压住另一端后从绳圈中掏出来即可打成一个半结。（见图19—1）

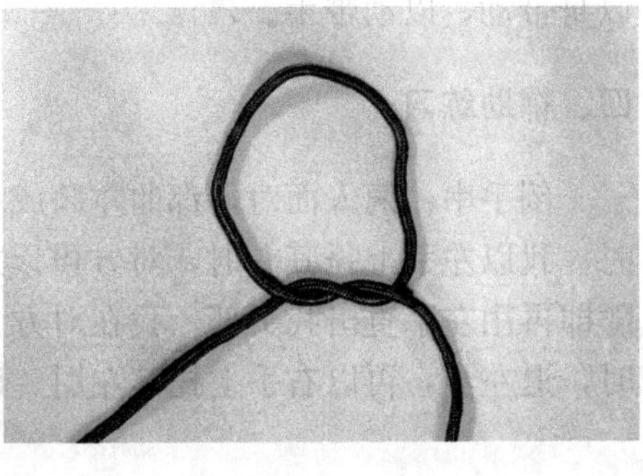

图19—1

（二）死结

先以左手绳压右手绳打一半结，再以右手绳压左手绳打一半结即成死结。（见图 19—2）

（三）双环结

两手持绳相距 25 厘米，右手逆时针方向绕至左手下，将绳用左手捏住，使绳成一圆环，右手顺绳向右滑动 25 厘米，再按照以上方法做一圆环，使后做的圆环压在先做的圆环上即成双环结。（见图 19—3）

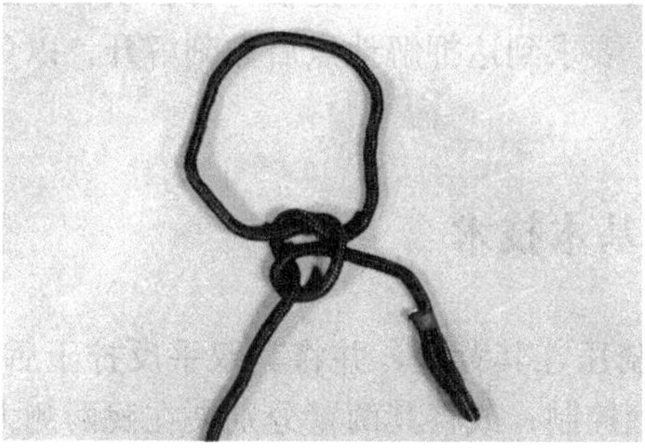

图 19—2

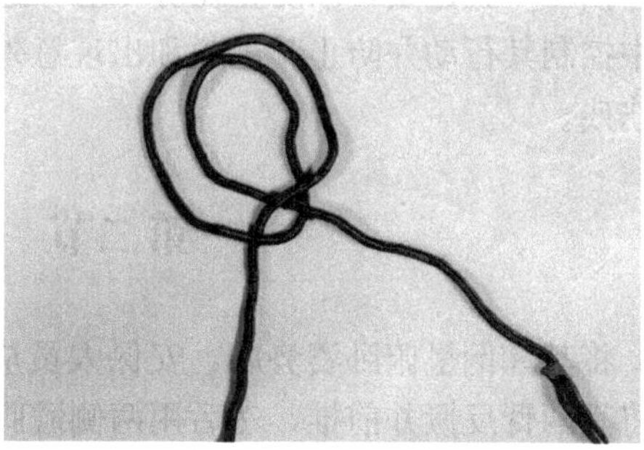

图 19—3

（四）蝴蝶结

两手持绳的中段相距 30 厘米远，然后分别将绳折回。形成两个半轮，用左手半轮压在右手半轮上打一个半结，然后左手余绳从两绳环中绕过，两半轮打半结形成的两个绳环即为蝴蝶结。（见图 19—4）

（五）麻花结

麻花结适用于警绳较长的情况下使用，同时解开绳结的时候也较为方便。使用方法是将其中一端绳子压住另一端后从绳圈下面掏出一个环形，在该环形的基础上将另一端的绳子掏另一端的绳子并呈环形，依次进行，直到所需长度。（图 19—5）

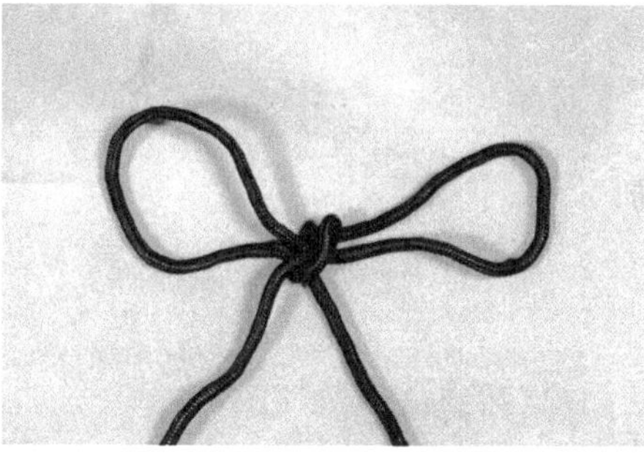

图 19—4

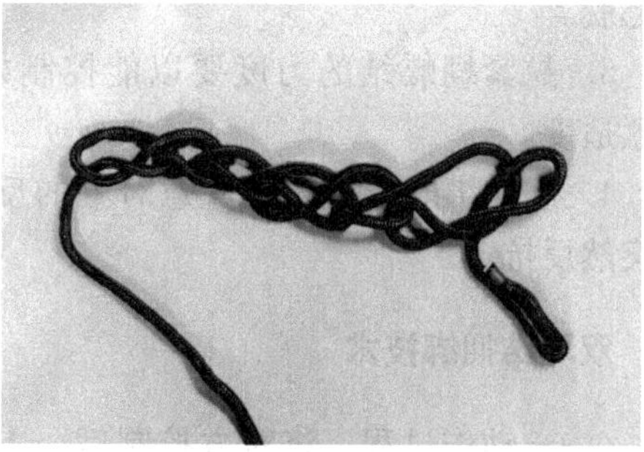

图 19—5

二、捆绑的要求

（一）捆绑前的要求

捆绑要以控制、制服为前提条件，要将制服并控制呈倒地俯卧状态下进行，或在使其处于被动不利而失去抵抗能力的基础上快速完成。在没有将完全控制的情况下，不可以轻易脱手、取绳或放弃对其的控制。

（二）捆绑过程中的要求

在捆绑时，捆绑的动作要熟练、手法要迅速、捆绑牢固结实。在捆绑中要时刻保持高度警惕，观察对方的反映和动态，警惕突然反抗，倘若发生此情况，应放弃捆绑，再进行控制。

（三）捆绑后的要求

捆绑不宜过紧，以防止血脉不通，造成肢体致残。捆绑的目的是临时看管或在押解过程中控制其行动并防止其逃脱和出现意外，因此，要求到达押解地点后立刻解开，以免出现伤残。

第二节　捆绑的基本技术

将其摔倒呈俯卧姿势后，安保人员应该分腿骑压在其背上，并将其双手反拧于后背；或将其两臂反撅并前推，然后用两侧髋腹前顶达到控制；或将其两臂分别夹在我两侧大腿上的腹股沟处，将其牢固控制后，抽出一只手取出警绳，或取下的领带、腰带、鞋带等绳状物进行捆绑。

一、蝴蝶结捆绑技术

（一）动作过程：令向前伸出双臂，两手腕靠近。将绳子做成一个蝴蝶结，使两绳环分别套在其两个手腕上，然后拉紧，打成一个死结即可。（见图 19—6）

（二）注意事项：

1. 在控制的前提下，熟练、迅速地打成蝴蝶结。

2. 一定要将蝴蝶结拉紧后再打死结，防止嫌犯逃脱。

3. 拉紧蝴蝶结的力度要以能控制好为标准，松紧适度。

4. 在捆绑时，应特别注意对方的反应，谨防其突然反抗。

图 19—6

二、双环结捆绑技术

（一）动作过程：将对方控制后，人将警绳打成双环结，套在的双臂或者双腿等所需要捆绑的部位，再根据情况需要将其打成一个死结、蝴蝶结或者麻花结等。（见图 19—7）

（二）注意事项：

1. 在控制的前提下，熟练、迅速地打成双环结。

2. 一定要将双环结拉紧后再打死结等，防止

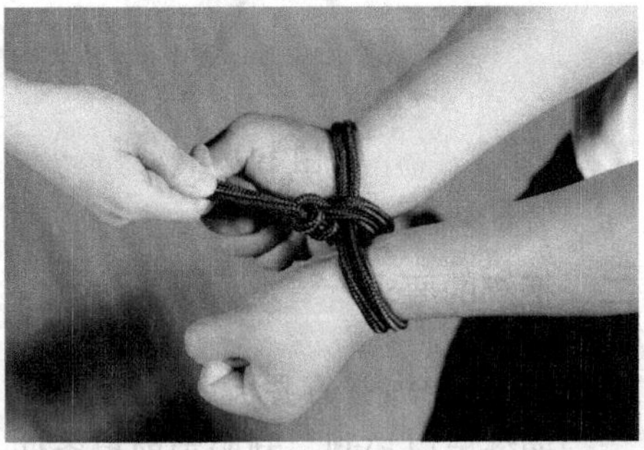

图 19—7

嫌犯逃脱。

3. 打结的力度要以能控制为目的，松紧适度。

4. 在捆绑时，应特别注意对方的反应，谨防其突然反抗。

三、麻花结捆绑技术

（一）动作过程：在控制对方后，将警绳缠绕在所需捆绑的部位上，左右手各持一端绳子；两手将绳子相互交换并拉紧；其中一端的绳子由下到上掏出一个小环形套，从该环形套中掏另一端绳子也呈环形套；依次进行直至所需长度，最后可以打一个半结或者死结。（见图 19—8）

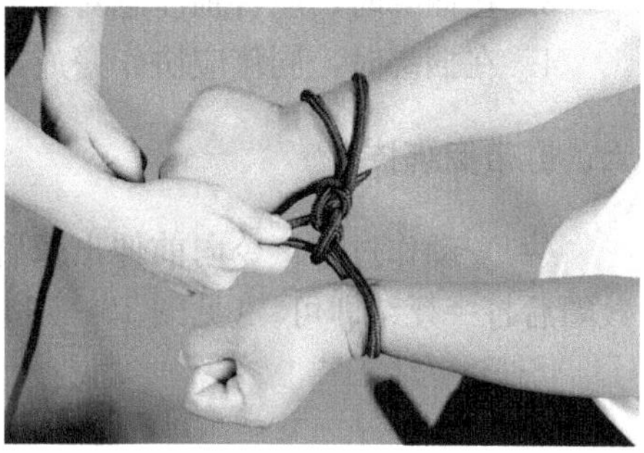

图 19—8

（二）注意事项：

1. 在控制的前提下，熟练、迅速地打成双环结，并谨防防醉嫌疑人突然反抗。

2. 双手一直保持拉进状态，防止绳子松垂导致逃脱。

3. 环形套掏出的长度要适度。

4. 因为绳结是活结，在带离时要紧握绳子的末端，防止绳子松开。

四、牵引捆绑技术

（一）动作过程：将警绳的中段打一活结，留在对方颈后侧，先从颈后向前缠绕，再在颈前交叉，向颈后分别延伸，将两端分别向背后延伸到腋下，接着从里向外缠绕数圈捆住其大臂，再将绳子两端的剩余部分横绳勒紧扎在一起。随后将绳子一端穿过颈后绳孔向后拉紧，用另一端将其两腕重叠捆住扎紧，再将两端绳子打成结。（见图 19—9）

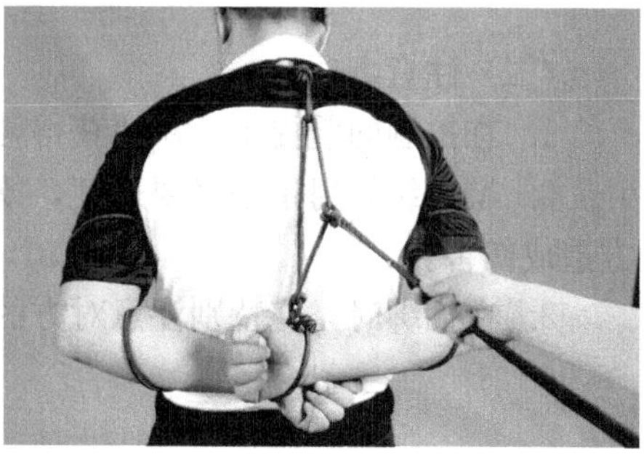

图 19—9

（二）注意事项：

1. 在控制的前提下，熟练、迅速地捆绑。

2. 捆绑大臂的松紧要适度。

3. 在捆绑时，应特别注意对方的反应，谨防其突然反抗。

4. 在捆绑时，同伴应协作警戒，保持高度警惕，注意安全防范。

五、腰带捆绑技术

（一）动作过程：控制大臂将其制服后，解下对方的皮带或者腰带，将其双臂拧到背后，用皮带或者腰带将双臂捆绑，最大限度拉紧。（见图 19—10）

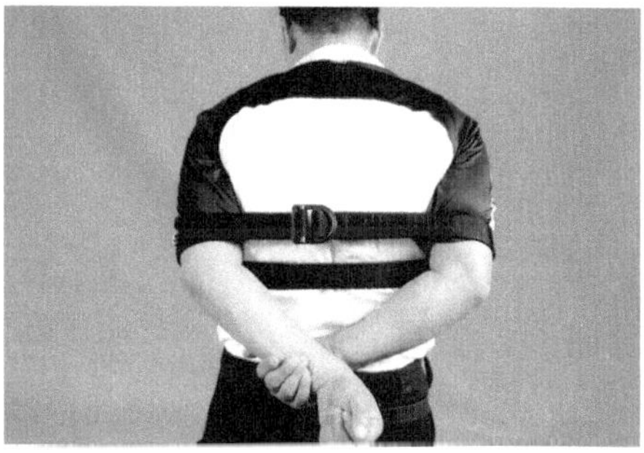

图 19—10

（二）注意事项：

1. 在控制的前提下，快速解下对方腰带或者皮带。

2. 根据个人情况尽量拉紧腰带，避免腰带松垂，使对方逃脱。

3. 在捆绑时，应特别注意对方的反应，谨防其突然反抗。

4. 在捆绑时，同伴应协作警戒，保持高度警惕，注意安全防范。

六、鞋带捆绑技术

（一）动作过程：令向前伸出双臂，两手拇指靠近。用鞋带在其拇指第二关节上缠绕数圈后打一死结即可。（见图 19—11）

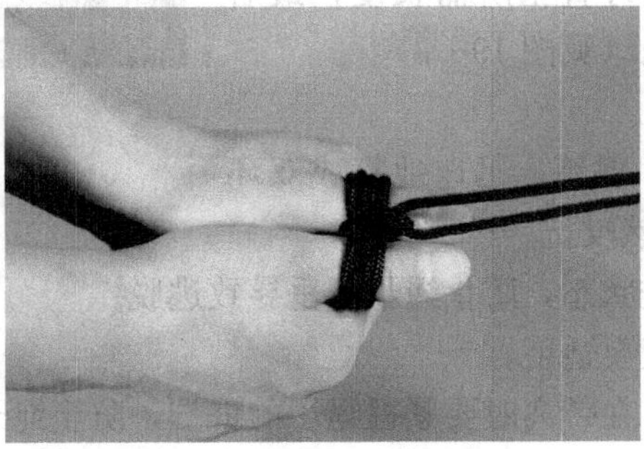

图 19—11

（二）注意事项：

1. 在控制的前提下，快速获得鞋带。

2. 鞋带缠绕拇指松紧要适度，既要防止过松达不到控制的目的，又要防止过紧对对方造成伤害。

3. 在捆绑时，应特别注意对方的反应，谨防其突然反抗。

第二十章　搜身押解技术

学习内容： 本章节主要学习搜身技术、带离技术两部分内容。
学习要求： 结合控制与上铐练习，单人练习与多人配合相结合。

案例回放： 2009 年 11 月 21 日中午 12 时左右，湖北某市公安分局刑警大队教导员，带领两名民警前往一公司家属院，准备抓捕涉嫌寻衅滋事的犯罪对方张某。到达现场后，民警向张某亮明了警察身份，但就在民警准备对其搜身并带离时，张某突然掏出随身携带的匕首，乱舞一番将三名民警刺伤。行凶完毕，张某欲逃离现场。一名身负重伤的民警担心张某继续危害他人生命安全，果断开枪将其击伤。随后，张某被送往医院抢救。在抢救过程中，张某不治身亡。

案例评析： 搜身带离的前提是对方已经被完全控制住。如有必要，应根据情况用约束性警械控制对方，以避免袭警、逃跑、自残、伤害他人等事故。对严重暴力犯罪后逃跑拒捕者，应当使用武器。本案中民警果断开枪将其击伤，合理合法。

第一节　搜身技术

控制对方后，为防止其自伤、毁证或利用暗藏的凶器对我方攻击，通常在对嫌疑人上铐之后马上进行搜身。

一、搜身的要求

（一）搜身必须在嫌疑人已被控制、失去反抗能力的前提下进行。
（二）搜身时要先搜嫌疑人手可触及的部位。
（三）搜身时一般要求用手挤压，触摸翻动，不可轻拍轻摸。
（四）搜身时的口令必须准确、果断。
（五）搜身时必须认真彻底，不留隐患。
（六）搜身时必须分工明确、站位合理并始终保持警惕。
（七）对女性搜身应由女警察执行。

二、搜身的基本手法

（一）抚摸：用手掌贴在衣服上缓慢移动，用掌心感觉所能触及的异状物体。

（二）挤压：手掌反复用力按压，并用手指抓掐。

（三）翻撩：将嫌疑人衣服翻撩开，或者将其衣裤口袋翻开进行检查。

三、搜查的部位

一般容易忽视但有可能隐藏凶器的部位：帽子里、衣领、指缝间、腋下腰间、皮带内侧、衣服口袋、脚踝、鞋袜内等。

四、站立式搜身技术

（一）动作过程：上铐后，先以左脚从对方后方由内向外扣、别压其右腿，左手抓右铐梁并下拉，使其身体后仰失去重心，右手自对方头部依次向下搜查肩部、胸部、腰部、腿部直至脚腕、鞋子；然后换右手抓手铐左铐梁，身体移至对方左侧，换右脚别压对方左脚，以相同方法搜其身体左侧。（见图 20—1，20—2）

（二）注意事项：注意关键部位的搜查，仔细彻底。

图 20—1

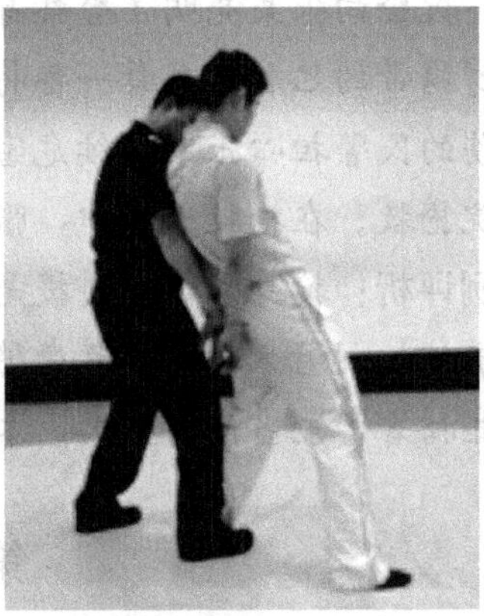

图 20—2

第二节　带离技术

带离是完成了对方的上铐、搜身动作，彻底排除了来自对方的危险后，用肢体关节控制方法，将其安全带至目的地的手段。以下介绍带离的几种方式。

一、折腕别肘带离

（一）动作过程：背手上铐后，我方站在对方的左后侧，右手抓握对方的左手并折腕，左手抓住对方的左肘关节，实施带离。（见图 20—3）

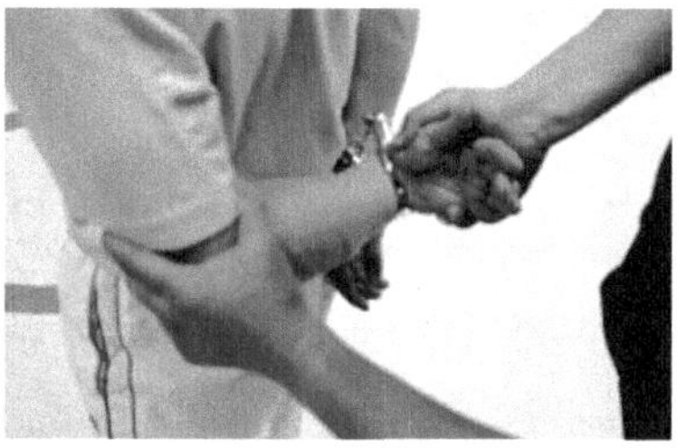

图 20—3

（二）注意事项：折腕到位，牢牢控制。

二、别臂带离

（一）动作过程：背手上铐后，我方站在对方的左侧，右臂从对方的左肘下插人向上别臂，左手按压对方头后部辅助控制，实施带离。（见图 20—4）

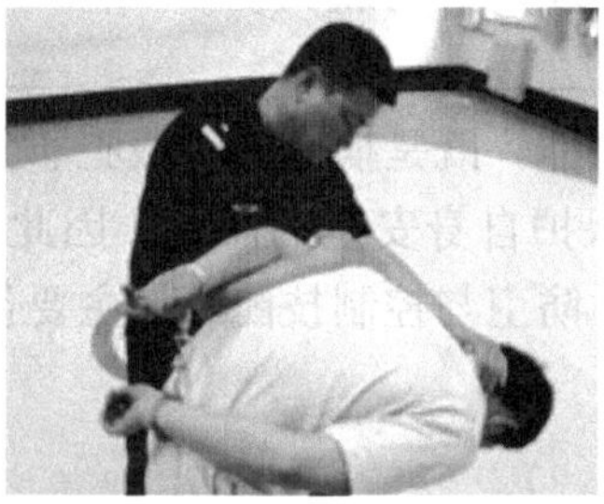

图 20—4

（二）注意事项：控制对方手臂，下按头部。带离时，尽量压低对方头部或用其他方法遮蔽对方视线，限制对方的视野范围，防止对方在途中逃脱、自杀等事故的发生。

三、别铐压肘带离

（一）动作过程：由前上铐后，我方站在对方的左后侧，右手经左臂下抓握连接链与左铐铐梁，同时左手抓住对方的肩臂部，辅助控制，实施带离。切忌只抓握连接链，以防对方挣脱时挫伤抓握手。（见图 20—5，图 20—6）

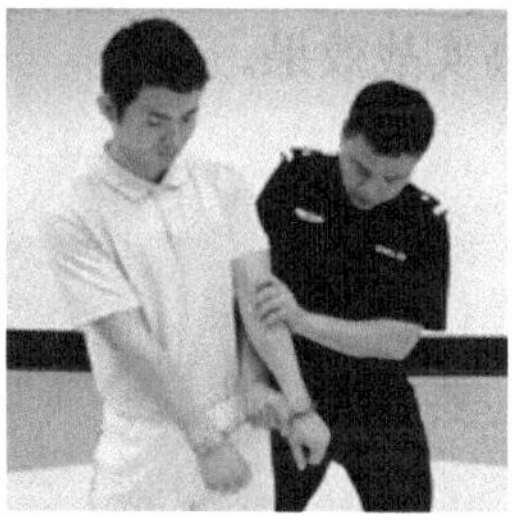

图 20—5

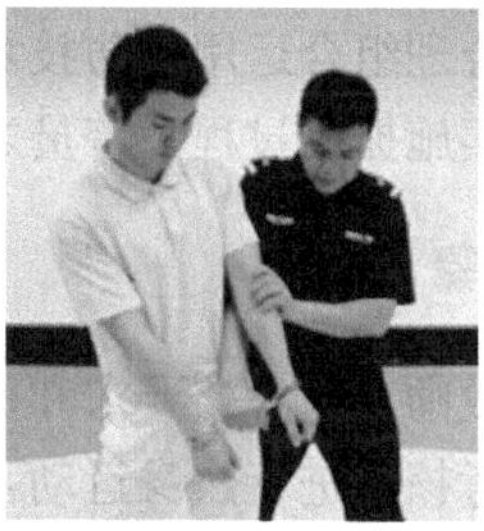

图 20—6

（二）注意事项：带离动作要注意站位，保持高度警惕，随时察看对方的反应和周围情况。

第二十一章　防卫与控制考核标准

学习内容：本章节主要包括两部分内容，徒手技评考核和警械使用考核。
学习要求：了解考核内容，有的放矢。

熟练掌握各种防卫与控制技能，既是擒获、制服犯罪分子和犯罪嫌疑人的需要，也是减少警察遭受不法侵害，有效保护自身安全的需要。因此，通过一定的技能训练、考核，可以有效增强警察的职业素质。防卫与控制技能考核主要包括徒手技评考核与警械使用考核两项主要内容。

第一节　徒手技评考核

一、考核目的

（一）了解并熟练运用徒手攻防、控制与解脱技能。

（二）提高攻防格斗的综合运用能力，以及在实战中相互协同、相互配合的能力，切实加强自我保护的安全戒备意识。

二、考核重点

（一）正确评估形势，加强自我保护意识。

（二）合理组合运用攻防技术动作，形成有效打击提高实战效果。

（三）实施抓控过程中警员之间的协同配合问题。

三、考核步骤

（一）教师宣布考核要求和标准：目的、内容、方法、要求和标准。

（二）考核前进行热身运动：慢跑、体操活动。

（三）按照教师要求进行考核。

（四）教师根据考生完成情况，参照考核标准，记录成绩。

四、考核内容

（一）基本防卫技术（需两人配合）

1. 格挡

考核要领：防守人员判断要准确；拍挡时小臂尽量垂直，动作敏捷、幅度要小。

2. 搂抓

考核要领：防守人员搂抓对方的前臂，左手回收，含胸收腹，出手要快，抓臂要稳、准。

3. 躲闪

考核要领：下蹲幅度不宜太大，动作要突然、迅速，下蹲闪躲要协调，并注意对头和躯干的保护，目视对方。

4. 下潜

考核要领：判断要准确，迅速躲过对方的来拳，立即还原。

（二）基本进攻技术（以手靶或脚靶辅助）

1. 直拳

考核要领：蹬地、扣膝、转腰、出拳、送肩要协调，发力要迅猛。

2. 摆拳

考核要领：蹬地，转体，发力要协调、短促，预兆要小，击打后迅速还原。

3. 正顶膝

考核要领：下拉提膝动作要协调，起膝要狠。

4. 边腿

考核要领：发力时，动作要突然、简练，要充分利用转体的力量，但不要重心上浮，支撑脚不要离地。

5. 外掰

考核要领：折腕外掰用合力，幅度合适，力点明确，动作连贯。

6. 鹅头拿

考核要领：手臂夹紧，立肘折腕，力点明确，动作连贯。

7. 拳腿组合

根据考试要求和条件，完成两种拳法一种腿法为一组，或自己自由组合。例如，前滑步左直拳接右摆拳，再接左边腿。

考核要领：拳腿交替协调，速度要快，接触目标拳腿都要发力。

（三）基本解脱技术

1. 抓腕解脱

考核要领：支点准确，身体姿势合理，有爆发力，动作要协调连贯。

2. 抱腰解脱

考核要领：迅速降低和控制重心，整个动作要快速迅猛，连贯协调。

（四）基本控制技术（需两人或多人配合）

1. 一对一控制技能

（1）切别摔控制

考核要领：上步进身要突然，折腕拧臂，抓腕要准确，切、别、拧转、控的动作要连贯迅猛，控制其肩关节部位动作要一气呵成，不给对方留出反摔机会。

(2) 锁喉摔控制

考核要领：锁喉、后拉动作连贯，勒颈、打腿、转体动作有力，摔倒后分腿坐压动作要快，控制其双臂要牢固。

2. 二对一控制技能

(1) 抱腰锁头抓控

考核要领：两人配合要默契，协同要及时，接近时要自然，实施动作时一定要快、准、狠、猛，牢固控制各关节部位。

(2) 圈颈抱腰抓控

考核要领：前方的考生抱腰连同手臂一起抱紧，控制其手臂要牢固；后方考生跟进要快、圈颈动作要准确、有效，两个人整个动作要一气呵成；两人动作过程要交代清楚、配合默契。

五、评分标准

记分按百分制进行，打分标准要相应地换算为90分以上（优秀）、80分以上（良好）、70分以上（中等）、60分以上（及格）、59分以下（不及格）五等次。（见表21—1）

表21—1 **徒手技评考核标准**

一级指标	二级指标	分值	指标内涵和得分标准
基本防卫技术	格挡 搂抓 躲闪 下潜	20	动作遗忘，动作不准确，无防守意识，0～4分； 动作基本准确，无太多失手，基本有防守意识，5～8分； 动作准确，身体协调，有防守意识，9～12分； 动作准确，身体协调，防守意识较强，有效防守，13～16分； 动作准确，身体协调，防守意识强，有效防守，17～20分。
基本进攻技术	直拳 摆拳 边腿 正顶膝 横击肘 外掰 鹅头拿 拳腿组合	40	动作特征不明显，身体不协调，严重变形，出现严重错误，0～8分； 动作特征基本明显，身体基本协调，有进攻意识，9～16分； 动作特征明显，身体协调，有速度，劲力较小，进攻意识明显，17～24分； 动作特征明显，身体协调，速度快，爆发力较大，合力顺达，进攻意识较强，25～32分； 动作特征明显，身体协调，速度快，爆发力大，合力顺达，进攻意识强，33～40分。
基本解脱技术	抓腕解脱 抱腰解脱	10	动作不标准、身体不协调、出现严重错误、假配合，0～2分； 动作基本标准、身体基本协调，反应慢，没有合力，3～4分； 动作标准，身体协调，有速度，力点基本准确，基本有合力，有进攻意识，5～6分； 动作标准，动作协调，速度快，爆发力较大，合力明显，进攻意识较强，7～8分； 动作标准，动作协调，速度快，爆发力大，合力明显，进攻意识强，9～10分。

续前表

一级指标	二级指标	分值	指标内涵和得分标准
基本控制技术	切别摔控制 锁喉摔控制 抱腰锁头抓控 圈颈抱腰抓控	30	动作不标准、分工不明确、配合不到位，出现严重错误或遗忘，假摔，0～6分； 动作基本标准，分工基本明确，配合基本到位，出现错误或遗忘1～2次，7～12分； 动作基本标准，分工基本明确，配合基本到位，无错误或遗忘动作，抓捕意识强，13～18分； 动作标准，分工明确、配合到位，动作连贯，抓捕意识较强，19～24分； 动作标准，分工明确、配合默契，动作连贯，抓捕意识强，25～30分。
		100	

第二节　警械使用考核

一、考核目的

熟练掌握几种基本的警械使用方法，为完成警务任务打下良好基础。

二、考核重点

（一）对约束性、驱逐性、制服性警械的有效使用。

（二）实施抓控过程中警员之间的协同配合问题。

三、考核步骤

（一）教师宣布考核要求：目的、内容、方法、要求和标准。

（二）考核前进行热身运动：慢跑、体操活动。

（三）按照教师要求进行考核。

（四）教师根据考生完成情况，参照考核标准，记录成绩。

四、考核内容

（一）手铐使用

1. 基本上铐技术

（1）由后上铐

考核要领：折腕有力，接近时抓腕和上铐基本同时进行，右手不离铐。

（2）俯卧上铐

考核要领：令控制对象转过身去，趴在地上，脸贴地，双膝跪其肩部，铐住一手后，再抓握另一只手上铐，对其形成有效控制，防止反抗。

3. 上铐基本原则

依法实施，及时准确；因地制宜，灵活运用；动作快捷，固锁牢靠；警惕看押，确保安全。

（二）警棍的使用

1. 警棍进攻技术

（1）劈击

考核要领：在格斗势的基础上，右脚向前上步同时，右手持警棍上举，根据所要击打部位，猛力劈击（由上至下、由右至左），重心跟随步伐移动。

（2）横扫

考核要领：在格斗势的基础上，右脚向前成弓步，右手持警棍利用扭腰转体挥臂之合力，由右向左平行扫击，击出后，右脚后撤一步将警棍收回。

2. 警棍防守技术

（1）架档

考核要领：举棍至少要高于头部，留足充分的缓冲空间，同时，向后撤步，以防格挡失败。

（2）截击

考核要领：主要用于挂防对方棍的直线和横向进攻，握警棍迎对方截击。

3. 两人训练短棍对抗

考核要领：两人一组，在限制条件下进行模拟实战对抗，击打关节部位和四肢为主要得分，时间30秒，得分点多胜出。

4. 注意事项

考核过程中，两人配合，需注意对头部、腕部等部位的保护或禁止击打，以防误伤。

（三）警绳的使用

对警绳的常用结法（双环结、蝴蝶结），常用的捆绑方法（鞋带捆绑、蝴蝶结捆绑）进行考核。

五、评分标准

记分是按百分制进行，打分标准要相应地换算为90分以上（优秀）、80分以上（良好）、70分以上（中等）、60分以上（及格）、59分以下（不及格）五等次。（见表21—2）

表21—2　警械使用考核标准

一级指标	二级指标	分值	指标内涵和得分标准
手铐	由后上铐 俯卧上铐	20	动作过程不正确、不协调，方法使用不当，无战术意识，0～4分； 动作过程基本正确、协调，方法使用基本得当，基本有战术意识，5～8分； 动作过程正确、协调，方法使用基本得当，有战术意识，9～12分； 动作过程正确、协调，方法使用得当，战术意识较强，13～16分； 动作过程正确、协调，方法使用得当，战术意识强，17～20分。

续前表

一级指标	二级指标	分值	指标内涵和得分标准
警棍	劈击 横扫 戳击 架档 截击	25	动作特征不明显、不协调，目标不明确，出现严重错误，0～5 分； 动作特征基本明显、基本协调，目标基本明确，有进攻意识，6～10 分； 动作特征明显、协调，有速度，目标明确，进攻意识明显，11～15 分； 动作特征明显、协调，速度快，爆发力较大，目标明确，进攻意识较强，16～20 分； 动作特征明显、协调，速度快，爆发力大，目标明确，进攻意识强，21～25 分。
	对抗 30 秒	25	对抗考核以击打关节和四肢的点数多胜出，击打一个关节点得 2 分，10 分起打，禁击头部、颈部和裆部，10～25 分。
警绳	双环结 蝴蝶结 鞋带捆绑 蝴蝶结捆绑	30	动作过程不正确，运用不得当，出现严重错误或遗忘，0～6 分； 动作过程基本正确，基本熟练，出现错误或遗忘 1～2 次，7～12 分； 动作过程基本正确，基本熟练，无错误或遗忘动作，13～18 分； 动作过程正确、熟练，操作有效，19～24 分； 动作过程正确、非常熟练，操作有效，25～30 分。
		100	

参考文献

[1] 刘书元，何剑．警务实战训练理论研究综述．北京：中国人民公安大学出版社，2013.

[2] 何剑．中国警察体育与课程改革．北京：中国人民公安大学出版社，2011.

[3] 苏爱感，何剑．警务技能与战术．北京：中国人民公安大学出版社，2011.

[4] 尹伟．缉捕教程．北京：中国人民公安大学出版社，2003.

[5] 姚本佐，浦澍滩．人民警察警务技战术实训教材．安徽省公安厅政治部内部培训资料，2012.

[6] 公安部政治部．警务实战基础训练教程．北京：群众出版社，2007.

[7] 尹伟．警务战术基础训练指导手册．北京：中国人民公安大学出版社，2003.

[8] 冷峰．散手初学．北京：人民体育出版社，1997.

[9] 田麦久．运动训练学．北京：高等教育出版社，2004.

[10] George A. Dillman. Humane Pressure Point Self-Defense. 251 Mt. View RD, (Grill). Dillman Karate International，Publishers，76－90.

[11] Bruce K. Siddle Defensive Tactics Student Manual. 500South Illinois Suite＃3 Millstadt，IL 62260. PPCT Management Systems ，Inc. 6，1－6，34.

[12] 梁国明，沈斌．警务技能与战术教学运动损伤成因探析．警察技术与战术论文集．北京：中国人民公安大学出版社，2010.

[13] 章小辉．警察缉捕战术训练方法初探．中国特警，2006（6）.

[14] 丁勇，廖永超．当前公安专业擒拿格斗课程的教学特点分析．体育教育，2010（13）.

[15] 曹华．关于警察院校擒拿格斗课程相关问题的思考．湖北警官学院学报，2009（3）.

[16] 何剑．中国人民公安大学警用格斗课程考试方案设计．北京体育大学学报，2007（S1）.

图书在版编目（CIP）数据

防卫与控制/何剑主编. —北京：中国人民大学出版社，2015.7
普通高等教育“十二五”应用型本科规划教材
ISBN 978-7-300-20909-8

Ⅰ.①防… Ⅱ.①何… Ⅲ.①警察-擒拿方法（体育）-高等学校-教材 ②警察-技击（体育）-高等学校-教材 Ⅳ.①G825.4

中国版本图书馆 CIP 数据核字（2015）第 039230 号

防卫与控制
主　编　何剑
副主编　张银福　安家臣　孔令南
Fangwei yu Kongzhi

出版发行　中国人民大学出版社
社　　址　北京中关村大街 31 号　　邮政编码　100080
电　　话　010－62511242（总编室）　010－62511770（质管部）
　　　　　010－82501766（邮购部）　010－62514148（门市部）
　　　　　010－62515195（发行公司）　010－62515275（盗版举报）
网　　址　http://www.crup.com.cn
印　　刷　固安县铭成印刷有限公司
开　　本　787 mm×1092 mm　1/16　　版　　次　2015 年 8 月第 1 版
印　　张　12.75　　印　　次　2025 年 1 月第 10 次印刷
字　　数　290 000　　定　　价　42.00 元　（公安机关内部发行）